民族魂

学生成长励志故事读本

诲人不倦故事

陈志宏◎编著

延邊大學出版社

·延吉·

图书在版编目（CIP）数据

诲人不倦故事 / 陈志宏著 . —延吉 : 延边大学出版社 , 2013.3（2024.1 重印）

ISBN 978-7-5634-5384-9

Ⅰ . ①诲…　Ⅱ . ①陈…　Ⅲ . ①品德教育 – 中国 – 青年读物 ②品德教育 – 中国 – 少年读物　Ⅳ . ① D432.62

中国版本图书馆 CIP 数据核字 (2013) 第 048997 号

诲人不倦故事

主编：陈志宏
责编：孙淑芹
封面设计：映像视觉
出版发行：延边大学出版社
社址：吉林省延吉市公园路 977 号 邮编：133002
电话：0433-2732435 传真：0433-2732434
网址：http://www.ydcbs.com
印刷：天津市天玺印务有限公司
开本：155 × 220 毫米　1/16
印张：8
字数：50 千字
版次：2013 年 03 月第 1 版
印次：2024 年 01 月第 4 次印刷
书号：ISBN 978-7-5634-5384-9
定价：38.00 元

前言

民族魂，是一个民族的精髓，体现了一种民族的精神，是民族存在的精神支柱。

说起民族的精神，人们通常都会想到爱国主义。从古代的屈原、岳飞，到近代为保卫祖国领土完整的人民英雄；从古代的发明家张衡、毕昇，到今天为祖国的建设事业贡献力量的科学家；从古代的李白、杜甫，到今天为民族文学艺术的提高而不懈奋斗的文学家……在他们身上，都体现出一种广义的爱国主义和爱国精神。

爱国主义是一种伟大的民族精神，也是中华民族的传统美德，与我们祖国上下五千年的历史一样源远流长。作为一种巨大的精神力量，它对中华民族的历史发展与进步产生了重大的影响。

在我国古代历史上，不仅出现过许多杰出的政治家、军事家、思想家、文学家、科学家、艺术家，还出现过一大批忧国忧民、鞠躬尽瘁的仁人志士和抗击外敌、抵御入侵的民族英雄。他们或开发和改造祖国的河山，创造灿烂的中华文明；或英勇反击民族压迫和外来侵略，捍卫国家的主权和民族的尊严；或坚决反对民族分裂，维护国家的统一和民族的团结；或顺应历史潮流，积极改革弊政，励精图治，治国安邦，施利于民……他们从不同的侧面体现了中华民族的爱国主义精神，谱写了爱国主义的壮丽诗篇，铸造了中华民族坚不可摧的“民族之魂”。

人们之所以将爱国主义精神作为中华民族精神的主要特征，是因为19世纪以来的中华民族饱受外来民族的欺凌、压迫和剥削，从而需要以爱国主义来凝聚人心、努力奋斗，从而获得民族的解放。

翻开中国近代史册，最触目惊心的是一场场的战争、一件件的国耻。深重的民族灾难，撞击着每一个爱国者的心。帝国主义列强发动了第一次鸦片战争、第二次鸦片战争、中法战争、中日甲午战争、八国联军之役等大小100多次战争。每一次战争，都以强迫清政府签订不平等条约而结束。

面对亡国灭种的威胁，华夏大地的炎黄子孙们掀起了波澜壮阔的爱国热潮，创造了光照千秋的爱国主义业绩。中华民族所散发出来的民族精神，无论在深度和广度上都是前无古人的。无数民族英雄、志士仁人，在救国图存、振兴中华的斗争中所表现出来的爱国精神，既是对中华民族古代爱国主义传统的继承与发扬，又具有鲜明的时代特征。

除了爱国主义之外，勤劳、勇敢、诚信、团结、知礼、尊贤、节俭、敬业，热爱和平、不屈不挠、自强不息、励精图治、开拓创新等，也都是中华民族的精神精髓，是中华民族灵魂的具体表现。在五千年的历史中，我们的先辈在这片土地上，以这种高尚的品行和美德不断地开辟，才有了如今屹立于世界民族之林的东方强国。作为一个有着漫长历史的积淀与升华的民族，伟大的民族精神早已烙刻在了我们每个人的灵魂深处，与我们的血肉融合在一起。

青少年是国家的希望，也是民族不断发展和延续的根本。总有一天，我们的民族精神、我们祖国的这片神奇的土地要传到当代青少年手中。从这个意义上来说，我们民族精神的生机与活力，我们祖国的命运与前途，也掌握在青少年的手中。因此，青少年的爱国主义教育和励志图强教育也就显得更加重要。为了增强和提升国民教育，尤其是青少年的爱国主义精神、民族精魂志向，我们精心编写了本套丛书——《民族魂——学生成长励志故事读本》丛书。

本套丛书将有史以来体现民族精神和民族灵魂的典型事迹，以通俗易懂的故事形式娓娓道来，非常适合青少年的阅读水平和欣赏口味。书中提供了古往今来多个典型人物和事件典范，展现出的人物也涉及社会的各个层面，有利于青少年立心、立志、爱国、进取，从而全方位地领悟中华民族的精神、灵魂之所在。

在本套丛书中，为帮助读者更好地理解和学习这些源远流长的美好精神，我们还在每一篇故事后面给出了“心灵物语”，旨在令故事更加结合现代社会，结合我们自身的道德发展，提高我们的民族爱国精神，并由此而引发读者进一步的思考。

深刻的哲理人生，表现了博大精深的文化；精彩的人物事迹，道出了励精图治的典范；历代的爱国故事，喻出了民族精神的深意；高尚的品德展现，浓缩了上下五千年的灿烂文明……我们希望，青少年朋友们通过阅读本套丛书，能够受到深刻的爱国主义教育，能够真正体会到中华民族的灵魂所在，同时更能够汲取精华，励精图治，为提升自己的个人素质、为祖国未来的建设和发展作出努力。

全套丛书分类编排，内容详尽，文字优美，风格独具，是广大读者，尤其是青少年爱国励志教育的优秀读物。我们相信，本套丛书一定可以成为青少年朋友们的良师益友。

导言

我国古代著名教育家孔子，在两千多年前提出了一个教育论点："学而不厌"与"诲人不倦"。意思是，人要不断学习且不感到厌烦；教育学生要有耐心而不感到疲倦。孔子认为，"学而不厌""诲人不倦"是教师应具备的两个重要品质。"学而不厌"体现着教师的内心开放、自强不息和不断进取，"诲人不倦"体现了一个教师的耐心、爱心和敬业精神。教师是学生的示范，希望学生做一个终生学习的人，首先教师自己要做一个终生学习的人。"身教重于言传""亲其师，信其道"，教师应该是学生好的榜样。

教师要做到"诲人不倦"并不是一件容易的事。我们常说"教师教育孩子要耐心"，但事实上，许多教师并没有真正做到这句话。一些教师在课堂上感情冲动地斥责孩子，严重伤害了孩子的感情；一些教师的喋喋不休，除了让孩子耳根的茧子更厚以外，没有其他功能。

现在，有多少教师能够做到这样？当孩子上课走神时，和蔼地提醒他，并了解一下他为什么走神？当课堂秩序混乱时，不要对孩子大呼小叫，考虑是不是自己的课对孩子没有吸引力？及时调整讲课内容和方法，把孩子们吸引过来；当孩子没完成作业时，问清楚没完成作业的原因，帮助他下次完成作业；当孩子犯错时，耐心查清事情的来龙去脉，找出孩子存在的问题，有的放矢地与孩子交谈，帮他认识自己的错误。

“诲人不倦”这简简单单的四个字，却蕴含的是教师的爱心。所以，作为教师，应该将“学而不厌，诲人不倦”这句话作为自己的座右铭。热爱学生不仅是教育工作的需要，也是弘扬中华民族传统道德的需要，体现了社会的文明与进步，是现代教师风采的一个特征。热爱学生是教师的天职，它蕴藏了教师对自己所从事的神圣事业的执着追求，饱含着教师的天赋和教育智慧，以及教师崇高的精神境界和宽阔的胸怀。在整个教育过程中，教师的爱可以为学生的健康成长创造良好的客观情境，可以在教师与学生之间建立起心灵沟通的桥梁，可以转化为学生学习和进步的内在动因，没有爱就没有真正成功的教育。“学而不厌”和“诲人不倦”还体现着教与学的关系。教师职业的特性决定了教师只有时时增长自己的知识、时时更新知识，才能不断更新自己的思想。

本书中，我们精心选编了一些体现“诲人不倦”精神的经典故事，希望读者通过对此书的阅读，更深刻地理解这句话的内涵意义，能够对自己的实际学习和工作有很好的帮助。

目录

CONTENTS

第一篇
教法得当方成才

生木造屋不可行

高阳应（生卒年不详），战国时期宋国大夫。他是个自以为是、喜好耍小聪明且不通大道理的人。

战国时期，宋国大夫高阳应为了建造一幢房屋，派人在自己的封邑内砍了一批木材。这批木材刚运到宅基地，高阳应就找来工匠，催促他们马上动工建房。

工匠一看，地上堆放的横七竖八的木料还是些连枝杈都未清理干净的带皮树干。树皮脱落的地方还露出湿润的白皙木芯；树干的断口处，还散发着一阵阵树脂的清香。这样的木料怎么能马上盖房呢？于是，工匠们就对高阳应说："我们不能马上开工。这些刚砍下来的木料含水太多，质地柔韧，抹泥承重以后容易变弯。初看起来，用这种木料盖的房子与用干木料盖的房子差别不大，但时间一长，用湿木料盖的房子就容易倒塌。"

高阳应听了工匠说的话，冷笑着说："依你这么说，不就存在一个湿木料承重以后容易弯曲的问题吗？但你没有想到，湿木料干了会变硬、稀泥巴干了会变轻的道理。房屋盖好以后，过不了多久，木料和泥土都会变干。那时的房屋，是用变硬的木料支撑着变轻的泥土，怎么会倒塌呢？”工匠们只是通过实践知道用湿木料盖的房屋寿命不长，可真要说出个道理，他们也感到为难。因此，工匠们只好按照高阳应的吩咐马上动工盖房。虽然在湿木料上拉锯用斧、下凿推刨很不方便，但工匠们还是克服种种困难，按尺寸、规格搭好了房屋的骨架。抹上泥后，一幢新房屋就落成了。

开始时，高阳应对很快就住上新房感到十分高兴，他认为这是自己用心智折服工匠的结果。可时间长了，高阳应的这幢新屋就越来越向一边倾斜了。高阳应的乐观情绪也随之被忧心忡忡所取代。高阳应一家怕出事，只好从这幢房屋里搬了出去。没多久，这幢房子就倒塌了。

这个故事告诉我们，不论做任何事情，都必须尊重实践经验和客观规律，不能蛮干，否则就可能受到惩罚。

心灵物语

高阳应不听劝阻，用湿木料盖房，最终导致房屋倒塌。这个故事告诉我们办什么事都必须遵循客观规律，不顾一切地按照自己的主观意志蛮干，就必然会失败。

史海钩沉

归德古城

春秋战国时期宋国的都城宋城，建立在现今的河南省商丘市。可惜的是，明朝弘治十五年（1502年），因黄河决口，宋城被淹了。

九年后，也就是明正德六年（1511年），知州杨泰在宋城故址的北面又重新修建了一座宏伟壮观的新城，它的南门恰好就是宋城北门的故址，也就是现在的归德古城。

正德八年（1513年），归德古城又修建了四座外楼，之后又经过多次重修，到近代的1926年时仍然保存完好。古城的南门城楼重檐挑角，楼上悬横着匾三块，中间为“南通古亳”，西为“众志成城”，东为“古宋名城”。其余的三门即西、东、北三座城门楼，也都重檐挑角，悬挂匾额，十分壮观。这四座城门分别被称为南拱阳、北拱辰、东宾阳和西轾泽。全城有93条街道，呈棋盘式格局。整个古城规划严整，造型古朴，独具特色。

■文苑荟萃

墨家思想

墨家是中国古代主要哲学派别之一，约产生于战国时期。该派的创始人为墨翟。

墨家学派有前期和后期之分，前期思想主要涉及社会政治、伦理及认识论问题；后期墨家则在逻辑学方面作出了重要贡献。

前期的墨家在战国初便已经产生了很大影响，与儒家并称为显学。它的社会伦理思想以“兼爱”为核心，提倡“兼以易别”，反对儒家所强调的社会等级观念。它提出“兼相爱，交相利”，以尚贤、尚同、节用、节葬作为治国方法，反对当时的兼并战争，提出“非攻”的主张。它主张非命、天志、明鬼，一方面否定天命，但同时又承认鬼神的存在。

后期墨家的传承情况不详，有分为两派或三派之说。后期墨家对前期墨家的社会伦理主张多有继承，在认识论、逻辑学方面成就颇丰。后期墨家除了肯定感觉经验在认识中的作用外，也承认理性思维在认识中的作用，对前期墨家的经验主义倾向有所克服。它还对“故”“理”“类”等古代逻辑的基本范畴作了明确的定义，区分了“达”“类”“私”等三类概念，对判断、推理的形式也进行了研究，在中国古代逻辑史上占有重要地位。

墨家的主要思想汇集在《墨子》一书中，其中《经上》《经下》《经说上》《经说下》《大取》《小取》等六篇又被称为《墨辩》，通常被认为是后期墨家所作。

良母教子治理辅政

季康子（？—前468年），即季孙肥，春秋时期鲁国的正卿。姬姓，季氏，名肥。谥康，史称“季康子”。季孙肥之“孙”为尊称，“季孙”并不是氏称，“季孙某”仅限于对宗主的称谓，宗族一般成员只能称为“季某”。故季孙肥为季氏，而非季孙氏。季平子生季桓子，季桓子生季康子。季康子，事鲁哀公，此时鲁国公室衰弱，以季氏为首的三桓强盛，季氏宗主季康子位高权重，是当时鲁国的权臣。

春秋后期，季康子执掌了鲁国的大权。他的叔叔公父文伯官为大夫，很得季康子的宠信。

有一天，下了早朝后，公父文伯去给母亲敬姜请安，发现母亲正坐在纺车前纺线。公父文伯对母亲说：“像我们这样的家庭，母亲还自己纺线，季康子知道了，会不高兴的，还以为儿子我不好好地侍奉母亲呢。”

听了儿子的话，敬姜叹了口气，对他说道：“大事不好了，鲁国要灭亡了！让你们这些人做官，你们竟不懂立家治国的道理。你给我坐下来，听我慢慢地讲给你听。”

敬姜稍微缓了口气，对儿子说道：“即便国家贫困落后，但只要人民勤奋，并肯吃苦耐劳，也能确保国家长治久安。老百姓付出了劳动代价，就会思考问题，思考的结果，就会生出善良之心；但是，如果只贪图安逸，就会生出淫逸的念头，而有了淫逸之心，则会把善良忘记了。忘记了善良，则会产生邪恶之心。富贵生活中的人不成才，就是因为贪图安逸；贫困生活中的人都响应正义，而劳动是根本。人民需要劳动，从天子到普通老百姓，都应该勤劳而不能懈怠。”

接着，敬姜又对君王该怎么做、各级各类官员该怎么做都作了说明，最后总结道：“自上以下，谁敢淫心舍力？怠惰是有罪的，这是自古以来的制度。”之后，敬姜又联系到自己说：“如今的我，是孤身一个人，你今天又处于这样的位置，早晚处事，最怕忘记了前辈留下的基业。如果懒惰懈怠，你怎么能够逃脱罪过！我希望你能早晚加强自我修养，一定不要忘记祖宗的嘱托。你刚才说，季康子见我这样，他会不安的。你在皇帝跟前当官，我真害怕像穆伯那样绝后啊！”

心灵物语

敬姜用自己的行为影响儿子，鞭策儿子勤政。当儿子对母亲的行为表示不理解，甚至有些不满的时候，她又不厌其烦地加以说服教育，由此可见母亲教育儿子的殷殷之心。

一般说来，劝诫子女勤勉，是家长教育子女的一个重要内容。但是，敬姜认为圣王择贫瘠的土地而处民，就是为了“劳其民”，是有意识地给老百姓吃苦头，是不符合历史实际的。其实，她的这种观点是不对的。不到万不得已，似乎不该提倡这种“瘠土劳民”的办法，因为即便这样去做了，也未必能使人培养出高尚的品德来。

史海钩沉

鲁国拒吴

春秋时期，吴国的国力比较强盛，便打算称霸中原，于是就先试探中原诸侯。鲁哀公七年，“公会吴于鄫”。当时，吴国向鲁国索要百牢，说：“宋国都已经献了百牢，而你们鲁国以前也献过十牢给晋国的大夫，现在我们大王不过是要你们贡献区区百牢，你们给还是不给啊？”鲁国的大夫景伯说：“当初，晋国以其强盛的力量吓唬我们，索取不合礼法的贡献。如果贵国以礼相待，那么就按照常数给您；如果贵国学晋国那样威胁我们，那只好给百牢之多了。所谓周之王也，制礼，上物不过十二；本该按礼法办事，但您若坚持要的话，那我们小小的鲁国也不敢不给。”

吴国得到了鲁国贡献的百牢，自信心也迅速膨涨，吴国的太宰嚭就想让鲁国的权臣季康子到他跟前来献媚一下。季康子觉得，这种蛮夷之国是肯定不能称霸的，索性就不理他，让子贡去推了这事。太宰嚭很不高兴，说：“所谓国君大于道路，你们鲁公都在这儿，你说你们季孙肥做臣子的，怎么就不舍得走几段路过来呢？这是不是于礼法不合啊？”

子贡就说：“岂以为礼？畏大国也。大国不以礼命于诸侯，苟不以礼，岂可量也？寡君既共命焉，其老岂敢弃其国？大伯端委以治周礼，仲雍嗣之，断发文身，裸以为饰，岂礼也哉？有由然也。”子贡说得就很铿锵了：“怎么敢为礼啊，某个大国（你们吴国）都不依礼法办事，我们自然要跟着学了。再说了，我们国君都在这里了，那作为国家重臣，我的家主季孙肥怎么敢轻易离开鲁国呢？（那会让国家空虚而无防守）再说了，您吴国老祖宗太伯用周礼治蛮夷，但是他弟弟（你们吴国的直系祖宗）却学了蛮夷的那一套，什么文身啦，断发啦，还裸露身子，也敢说依照礼法做事？”

文苑荟萃

《东周列国志》

《东周列国志》是明朝时期的长篇白话历史演义小说，也是古今中外时间跨越最长、人物最多的一部小说，描写了春秋战国时期“列国”的故事。

《东周列国志》所写的是西周末年（公元前789年）至秦统一六国（公元前221年），包括春秋、战国500多年间的历史故事，内容相当丰富。《东周列国志》中所叙述的历史事实，取材于《战国策》《左传》《国语》《史记》四部史书，将分散的历史故事和人物传记按照时间顺序穿插编排，熔为一炉，从而成为一部结构完整的历史演义。秦汉前期的一些史学家为了某种原则立场，对历史事件的叙述和评价有时会隐而不言，而是将意思深藏在记述的文字中，没有一定见地的人很难发觉，更谈不上理解了。这部书的通俗之处，就在于将这些暗礁一样的文字弄得水落石出，让读者一看便心知肚明，种种是非善恶、忠奸智愚，都暴露于光天化日之下。这也是作者编写此书的用意，因此这部书也成为他们对后人的贡献。

马援家书诫子侄

马援（公元前14—公元49年），东汉开国功臣之一，汉族，扶风茂陵人。因功累官伏波将军，封新息侯。新莽末年，天下大乱，马援初为陇右军阀隗嚣的属下，深得隗嚣的信任。归顺光武帝后，为刘秀的统一战争立下了赫赫战功。天下统一之后，马援虽已年迈，但仍请缨东征西讨，西破羌人，南征交趾（今越南），其“老当益壮”“马革裹尸”的气概甚得后人的崇敬。孙中山先生在给蔡锷的挽联中写道：“平生慷慨班都护，万里间关马伏波”。

伏波将军马援是东汉王朝的开国功臣，他用反面的事例劝诫自己的两个侄子，用事实讲述“以人为镜”的道理。

马援的两个侄子马严和马敦喜欢结交朋友，尤其跟有名的侠客往来频繁。对这样的事情，最为关注的还是那些在官场上混事的人们。

马援并不反对侄子们交朋友，但一直对他们喜欢议论和讥讽别人的做派担心。他担心什么呢？他是害怕侄子“祸从口出”。

那是在马援带兵征讨交趾征侧、征贰起义军的日子里，尽管征途遥远，戎马倥偬，他还是修书告诫两个侄子。

在中军大帐里昏暗的烛光下，征战了一天的马援将军虽然已经很疲惫了，可是，他想着刚才自己的副将对他说过的话，心情很沉重，又为自己的两个侄子忧心。究竟是什么事情让马援放心不下侄子们呢？

副将从刚由京城回来的人嘴里知道，马援的侄子在酒楼与几个有名的侠客喝酒的时候，不时地议论朝廷的事情，而议论朝廷的言谈话语之中，难免涉及具体的人。有道是“好事不出门，坏事传千里”，话虽然没长腿，但总是传得飞快的。想到这里，马援放下手里的兵书，提起笔伏案疾书起来。他是在给两个侄子写信。

他在信里这样写道：“你们知道别人的过失，就如同知道自己父母的名字一样，只能用耳朵去听，嘴却不能说出来。好议论人长短，是荒诞的，也是不正常的。这是我最厌恶的事情，我宁死不愿子孙有这样的行为，希望你们不要忘了我说的话。”

马援在信里还以龙述和杜季良两个人为例，劝说自己的侄子。龙述为人敦厚，考虑问题周全、谨慎，不但谦虚，生活也节俭，廉洁奉公，在军中颇有威望。而杜季良这个人，当时任越骑司马，豪侠好义，忧人之忧，乐人之乐，正误集于一身。这两人都是马援所看重的爱将，但马援希望侄子效法龙述，而不要效仿杜季良的为人。

马援把信写完了，长出了一口气，似乎轻松了一些。他放下手中的笔，把写好的信拿起来，仔细地看了又看，这才满意地放下。他叫来传令兵，让他骑快马立即启程，把这封信星夜送到家里。在上马之前，马援还再三叮嘱传令兵，一定要多加小心，那封信千万不能有失。传令兵郑重地答应着，心想，既然是十分重要的信，为什么要送给自己的侄子，难道将军家里出了大事不成？传令兵哪里猜得到将军此时此刻的心思。

在马援看来，教育好自己的侄子，与战场的胜败，几乎没有本质上的不同。他是把“以人为镜”与战争的成败看得一样重要。

天已经大亮了，军营里开饭了。马援的面前放着一碗热气腾腾的面条，面条是白的，在几片翠绿的菠菜的映衬下，格外显眼。而两个去了皮的鸡蛋比面条的颜色还要白。见了这些，马援的脸上露出了一丝满意的神情。他没有马上抄起筷子，而是仔细地端详着碗里的食物。也就在这个时候，帐外传来报告的声音，原来是送信的传令兵回来交令了。

马援展开两个侄子写给他的回信，一边看，一边吃饭，菠菜面条同时入口，咬开的鸡蛋露出金黄的颜色，正好与侄子认真检讨自身过失的话语融合在一起，马援不禁开心地笑了。他那笑容，与打了胜仗、战胜了敌人时的表情是一模一样的。

心灵物语

马援以别人为参照，告诫子侄要为人谨慎，考虑问题要周全、得体，而且要廉洁奉公，做万人表率。马援的做法不仅教育了子侄，同时也警示我们，青年人要时时检讨自己的过失与不足。

史海钩沉

最著名的伏波将军

中国历史上最著名的伏波将军，就是东汉光武帝时期的马援。建武十六年(40年)，交阯郡雒将之女征侧、征贰聚众造反，攻取郡县，九真、日南、合浦等郡群起响应。征侧等占据了60多座城池，自立为王。建武十七年，光武帝拜时任虎贲中郎将的马援为伏波将军，段志为楼船将军，发长沙、桂阳、零陵、苍梧四郡兵一万余人入南平交趾。军队刚刚到达合浦，段志就染病身亡了，马援并统其军。

经过一年多浴血奋战，至建武十九年春，马援全歼征侧、征贰部队。捷报传到京师，朝廷封马援为新息侯，食邑三千户。马援乘胜又进击九真，扫除了叛军的余党残部。马援每攻取一县一郡，便马上废止当地的苛政，并修缮城郭，兴修水利，抚境安民。

建武二十年秋，马援率部凯旋，朝野上下纷纷前来庆贺，马援却没有一点儿得意的样子。他说："昔伏波将军路博德开置七郡，才封数百户，今我微劳，猥飨大县，功薄赏厚，何以能长久……方今匈奴、乌桓尚扰北边，欲自请击之；男儿要当死于边野，以马革裹尸还葬耳！何能卧床上在儿女子手中邪？"随后，马援又领命挥师出雁门。

建武二十三年，武陵蛮造反，朝廷先是派武威将军刘尚率万人前往征讨，结果全军覆没；次年，朝廷再派谒者李嵩和中山太守马成率军前往，又连连吃败仗。于是，马援主动请缨。光武帝可怜他年纪大了，没有答应。马援非常激动，他像战国时老将廉颇那样，当场披甲上马，一展雄姿。光武帝十分赞赏，随即令他率兵四万平蛮。不幸出师未捷身先死，终为马革裹尸还，令人叹息不已。

■文苑荟萃

《诫兄子严敦书》译文

我兄长的儿子马严和马敦，都喜欢谈论别人的事，而且爱与侠士结交。我在前往交趾的途中，写信告诫他们："我希望你们听说了别人的过失，像听见了父母的名字：耳朵可以听见，但嘴中不可以议论。喜欢议论别人的长处和短处，胡乱评论朝廷的法度，这些都是我最深恶痛绝的。我宁可死，也不希望自己的子孙有这种行为。你们知道我非常厌恶这种行为，所以我是一再强调的。就像女儿在出嫁前，父母一再告诫的一样，我希望你们牢牢记住。”

“龙伯高这个人敦厚诚实，说出的话没有什么可以指责的。谦虚节俭，待人又不失威严。我爱护他，敬重他，希望你们向他学习。杜季良这个人豪侠好义，有正义感，把别人的忧愁作为自己的忧愁，把别人的快乐作为自己的快乐，无论什么人都去结交。他的父亲去世时，来了很多人。我爱护他，敬重他，但不希望你们向他学习。（因为）学习龙伯高不成功，还可以成为谨慎谦虚的人，就所谓‘刻鹄不成，尚类鹜’。而一旦学习杜季良不成功，那你们就成了纨绔子弟，正所谓‘画虎不成，反类犬’。到现今杜季良还不知晓，郡将到任就令人怨恨，百姓的意见很大。我常常为他寒心，这就是我不希望子孙向他学习的原因了。”

诸葛亮写《诫子书》教儿

诸葛亮（181—234年），字孔明，号卧龙（也作伏龙）。汉族，琅琊阳都（今山东临沂市沂南县）人。蜀汉丞相，三国时期杰出的政治家、战略家、发明家、军事家。在世时被封为武乡侯，谥曰忠武侯；后来的东晋政权十分推崇诸葛亮的军事才能，特追封他为武兴王。代表作有《前出师表》《后出师表》《诫子书》等。他曾发明木牛流马、孔明灯等。

身穿八卦仙衣、手拿羽毛扇的诸葛亮，是古往今来人们心目中的风流人物与智慧的化身。诸葛亮是以政治家、军事家的荣誉载入史册的。他在对子女的培育方面也有鲜为人知的一面。

早年的诸葛亮没有儿子，哥哥诸葛瑾把自己的儿子诸葛乔过继给了他。

诸葛乔成了诸葛亮的儿子，找对象当然是要门当户对的。经人介绍，诸葛乔娶了皇家公主，与刘氏帝室为婚。诸葛乔做了乘龙快婿，也因此被拜为驸马都尉，一下子就平步青云了。

但诸葛亮教育诸葛乔要生活俭朴，切忌安荣乐贵。在自己行军打仗时，也有意识地将他带在身边，让他随军服役。诸葛亮这样对待儿子，无非是从长计议，希望儿子通过实践锻炼，将来能成就一番事业。

诸葛亮写信给东吴的哥哥诸葛瑾说：“乔本当还成都，今诸将子弟皆得传运，思惟宜同荣辱。今使乔督五六百兵，与诸子弟传于谷中。”

在诸葛亮看来，要想儿子成器，必须经受锻炼，劳其筋骨，体验艰苦生活。可惜诸葛乔在25岁那年不幸病死。

诸葛亮46岁时，才有了亲生儿子诸葛瞻。他很喜欢这个儿子，希望儿子将来成为国家的栋梁。在诸葛亮辞世前的那一年，还写信告诉哥哥诸葛瑾说：“瞻今8岁，聪慧可爱，嫌其早成，恐不为重器耳。”

透过诸葛亮给哥哥家书的字里行间，人们能够读出他对亲生儿子的得意与爱护，更能品出他对爱子的担心。

据说，诸葛亮曾写过不少有关教育儿子的书文，可惜传留至今的只有《诫子》《诫外甥》等篇。据《太平御览》卷497所录《诫子书》中有这样的文字。

“夫君子之行，静以修身，俭以养德，非淡泊无以明志，非宁静无以致远；夫学须静也，才须学也，非学无以广才，非志无以成学。淫慢则不能励精；险躁则不能治性。年与时驰，意与日去，遂成枯落，多不接世，悲守穷庐，将复何及！”

从诸葛亮这篇《诫子书》中可以看出，诸葛亮以政治家的胸怀，从国家利益的高度教育儿子。他要求儿子要从修身养德做起，立志成学，免得日后因虚度年华而悔恨终生。他的“非淡泊无以明志，非宁静无以致远”两句，无疑是他个人生活经验的总结，也是他告诫儿子的至理名言。在《诫外甥》中，诸葛亮也时常告诫两位姐姐的孩子，要做到“志当存高远”，生活上应“绝情欲”，与人交往时能够“忍屈伸”等。

心灵物语

诸葛亮身为蜀国丞相，日理万机，忙于军国大事，仍不忘对子女的教育，实为可贵。如今，人们常将诸葛亮教子的话“非淡泊无以明志，非宁静无以致远”挂于书房，列于身旁，作为座右铭以自诫，不无益处。

史海钩沉

白帝城托孤

章武二年(222年)八月，刘备东征，想夺回荆州，结果途中被打败，撤退到永安。

章武三年(223年)二月，刘备病重，遂召诸葛亮到永安，托付后事。刘备对诸葛亮说:“君才十倍曹丕，必能安国，终定大事。若嗣子可辅，辅之;如其不才，君可自取。”诸葛亮涕泣地说:“臣敢不竭股肱之力，效忠贞之节，继之以死乎！”刘备又要刘禅视诸葛亮为父。

延至四月，刘备逝世，刘禅继位，封诸葛亮为武乡侯，开设官府办公。不久，诸葛亮再领益州牧，政事上的大小事务，刘禅都依赖于诸葛亮，由诸葛亮决定。本来南中地区因刘备大败而乘机叛乱，但诸葛亮因国家刚失去君主，先不发兵，派邓芝及陈震赴东吴修好。

梁甫吟

诸葛亮

步出齐城门，遥望荡阴里。
里中有三坟，累累正相似。
问是谁家墓，田疆古冶氏。
力能排南山，文能绝地纪。
一朝被谗言，二桃杀三士。
谁能为此谋，相国齐晏子。

姚崇分家产让子自立

姚崇（650—721年），本名元崇，字元之，避唐玄宗“开元”年号讳，改名姚崇。父姚懿，曾任硖石县令，祖籍江苏吴兴，因先辈世代在陕州为官，遂定居陕州硖石（今属河南三门峡）。历任武则天、唐睿宗、唐玄宗三朝宰相，有“救时宰相”之称，是中国历史上的著名宰相。特别是在玄宗朝早期为相，对“开元之治”贡献尤多，影响极为深远。

姚崇是唐代陕州硖石（今河南三门峡）人。唐玄宗开元初年时，姚崇任宰相，在政治上很有作为，被史学家誉为“救时之相”。不过，这里讲的并不是他从政的事迹，而是他为儿子们分家产的故事。

姚崇虽然身为宰相，职高权重，地位显赫，可他一点儿架子也没有。不但他自己这样，对儿子们的管束也极为严格。

一个夏天的晚上，姚崇破例在庭院的大树下乘凉，一手捻着不多也不长的胡子，一手摇着蒲扇，对管家说道：“你去把彝、异、弈哥仨叫来，我有话和他们说。”

管家应声而去，不一会儿，就把姚崇的三个儿子带来了。

那时，姚崇的三个儿子老大彝17岁，老二异15岁，老三弈13岁。

姚崇整天公务繁忙，即便在家，也是宾客不断。但他不放过任何零散的时间，只要稍有空闲，不是手不释卷，就是笔管在手，伏案疾书。当然，并不是著书立说，而是撰写公文，或是批阅文件，很少与孩子们玩耍。

孩子们也是，只有吃饭的时候同桌，也不说什么，只是低头吃饭，饭吃完了，扭头就走。不是回书房接着读书，就是找个安静的地方温习功课。只有父亲问书的时候，孩子们才来到父亲跟前，个个垂手站立，不敢有任何造次。

其实，即便让这三个孩子淘气点儿，他们也不会。常来姚家的官员都知道姚大人家有三个书呆子，一个比一个呆。不过，姚崇听了官员们这样的议论，不仅一点儿也不恼，反倒有些得意。他心想，小孩子不读书，还能干什么？呆，似乎是个问题。读书，自然是为了进仕，而进了仕，不懂农事，不明白经济，官也当不好。退一步说，即便是做个普通老百姓，也总得能劳动，会干活儿，善于理财理家吧？姚崇对儿子们的将来已经考虑了很久。现在终于有了主意。今天正好有点儿空闲，便想和儿子们交代一下他们往后应该怎样生活。

儿子们见父亲半天不说话，只是不动声色地在他们的脸上扫过来又扫过去，都有些紧张。

父亲一贯教诲他们，不管遇到什么事情，哪怕是遇到天大的事情，也应该先看看自己，看自己是不是存在什么毛病或错误。如果是自己身上的问题，不论大小，也不分性质，都必须勇于承认。然后，该承担责任的，必须承担责任；该领罪的，必须领罪。相反，如果问题与自己一点儿关系都没有，也要弄明白问题的来龙去脉，以便从中得到借鉴，防微杜渐，警钟长鸣，对修正己势是有益处的。

此时，儿子们也是这样想的，把自身上上下下看了个遍，没有发现自己身上有什么毛病或不对的地方，才将眼神不约而同地移向了姚崇。

姚崇似乎对儿子们刚才的表现很满意，微笑浮现在他的脸上。突然，他把蒲扇停在了半空中，不再扇动，开口问儿子们："你们谁能说说，天气这么热，不扇动蒲扇，惬意的凉风从何而来？"

儿子们无法回答他提出的问题，只有面面相觑。

姚崇好像没有指望儿子们回答出自己提出的问题，又接着把蒲扇扇动起来。这时，他扇动蒲扇的动作很大，惬意的凉风不仅使他自己觉得得劲儿，连儿子们也感到凉风扑面，精神为之一爽。

姚崇面露得意，对儿子们说："你们终于明白，要想得到什么，依靠别人只能一时一事，不能指望永远。而唯一可以依靠的，只有自己。"

听了这些话，儿子们恍然大悟，原来爹借着蒲扇的扇动，给他们讲了一个天大的道理！

姚崇把话转入了正题，他把现有的田产一分为四，除了自己的那份，其余的都平均分给了儿子们，让儿子们自己经营管理，做到自食其力。

儿子们一时有些慌乱，对于这突如其来的变化，他们没有任何思想准备。但聪明的小儿子弈悄悄地对不知所措的两个哥哥说："耕田劳作，和下棋一样，棋子怎么摆，究竟摆在哪里，决定着输赢，难道不是吗？"

弟弟的提醒，使两个哥哥想到了自己的名字，老大想到了那个"彝"，是要人走平常或正常的道路，同时更应该懂得和遵守法度。想到这里，他镇定自若了。

老二想的是"异"，在他很小的时候，父亲就告诉过他，你要做一个不同于一般的人。父亲给我们分田产，目的不就是为我们走常人不曾走过的路创造条件吗？老二的神态很快恢复了正常。

从此，姚崇的三个儿子一边读书，一边经营自己的田地，既是读书人，又是靠个人能力料理生活的人。

后来，姚崇的儿子们也都继承父辈的遗志，均在朝为官。长子彝，开元初年任光禄少卿；次子异，任坊州刺史；少子弈，开元末任礼部侍郎、尚书右丞，都很有出息。

心灵物语

姚崇借扇蒲扇给儿子们讲了一个做人的道理，并以分田产的实际行动起到了劝诫儿子们自立向上的作用，同时也给儿子们指出了做官应具备的条件。

史海钩沉

灭蝗宰相姚崇

唐玄宗李隆基刚刚即位时，一心想要恢复唐太宗的事业。他任用姚崇为宰相，重新整顿朝政，很快便将中宗时期的混乱局面扭转过来，使唐王朝重新出现了兴盛的景象。正在唐玄宗励精图治的时候，河南一带却发生了一次特大的蝗灾。地处中原的广阔田野上，河南到处都是成群的飞蝗。飞蝗群落在哪里，当地的庄稼便被吃得精光。

那时人们的科学知识很贫乏，再加上迷信，便认为蝗灾是老天降给人类的灾难。于是，各地老百姓为了消灾得福，便纷纷烧香求神。眼看庄稼被蝗虫糟蹋得颗粒无存，广大农民却毫无办法。灾情越来越严重，地方官吏只好向朝廷告急。

当朝宰相姚崇向唐玄宗上了一道奏章，认为蝗虫只是一种害虫，没有不能治的。只要各地官民齐心协力驱除飞蝗，蝗灾就可以被扑灭。唐玄宗很信任姚崇，立刻批准了姚崇的奏章。于是，姚崇便下了一道紧急命令，要求百姓一到夜里就在田头点起火堆。等飞蝗看到火光落下来时，就集中人力扑杀；同时在田边挖掘大坑，边打边烧。这个办法果然奏效，光洋州一带就扑杀蝗虫14万担。当地民众还以蝗虫为食，蝗虫吃掉庄稼，人们吃掉蝗虫。军民团结消灭蝗虫，取得了空前的胜利。

文苑荟萃

夜渡江

（唐）姚　崇

夜渚带浮烟，苍茫晦远天。
舟轻不觉动，缆急始知牵。
听笛遥寻岸，闻香暗识莲。
唯看孤帆影，常似客心悬。

朱熹育才有方成大家

朱熹（1130—1200年），字元晦，一字仲晦，号晦庵、晦翁、考亭先生、云谷老人、逆翁，汉族，徽州府婺源县（今江西婺源）人。19岁进士及第，曾任荆湖南路安抚使，仕至宝文阁待制。为政期间，申敕令，惩奸吏，治绩显著。南宋著名的理学家、思想家、哲学家、教育家、诗人，闽学派的代表人物，世称朱子，是继孔子、孟子以来最杰出的弘扬儒学的大师。

朱熹出生在一个衰落的封建官僚地主家庭，祖辈都世代为官。他的父亲因为不肯附和秦桧的投降政策，最终遭到贬黜。朱熹从小就深受家庭影响，刻苦攻读儒家经典。他聪颖过人，求知欲强，学无常师。14岁时，父亲去世，他遵从父亲的遗嘱，从学于二程伊川派的胡原仲、刘致中和刘彦冲。18岁时，朱熹中举，19岁登进士及第，20岁往延平，受业于李愿中，22岁被任命为泉州同安县主簿，任内开设县学，内分设四斋："志道""据德""依仁"和"游艺"。每斋各设斋长一人，主持教事，招收县民中优秀子弟，入学受教。

27岁后，朱熹开始收集整理北宋道学家的著作，尤其对程颐的思想感兴趣。29岁时，他求教于程门学派的李侗门下，此后学业大进。朱熹淡泊仕途，以居家讲学为业，先后完成了《论语集注》《孟子集注》等书籍的编写。49岁时，他修复了白鹿洞书院，整顿地方官学。51岁后，他任满归里，在武夷山上授徒讲学，建有武夷精舍。朱熹教学一向循循善诱，不厌其烦。除了自己精心备课外，还时刻帮助学生解答问题。所以，跟随朱熹学习的人很多，甚至有许多外地学生都慕名来投奔他。

59岁时，朱熹除了整顿地方学校外，还完成了《大学》《中庸》的注释工作，并与《论语》《孟子》的注释合编为《四书章句集注》，简称《四书集注》。60岁后，他到福建考亭居住，并建立了竹林精舍，后又扩大规模，更名为沧州精舍，继续从事教学活动。

朱熹的成就，集读书法研究之大成，他的读书法还奠定了古代读书法的基础。朱熹反对汉以来儒家专在名物训诂上下功夫，认为读书的根本是通晓“义理”，名物训练旨在为通晓“义理”而准备条件。而且朱熹强调的六条读书法也不是孤立的，而是相互联系的有机整体，是一个完整的读书、求学、进业的程度和步骤。“循序渐进”包含有读书的“量力性”原则，“熟读精思”包含有读书的“巩固性”原则，“虚心涵泳”包含有读书的“客观性”原则，“切己体察”包含有读书的“结合实际”的原则，“着紧用力”包含有读书的“积极性”原则，“居敬持志”包含有读书的“目的性”原则。

朱熹还写过一首绝句，名为《观书有感》：“半亩方塘一鉴开，天光云影共徘徊。问渠哪得清如许，为有源头活水来。”朱熹以此来比喻读书、做学问也应该“通而不塞”，要有汩汩不断的新知识或新见解来补充，这样才能让人见知通达，头脑清醒。这个比喻是十分形象和发人深省的，对我们今天如何读书、治学、教学仍有启发意义。

朱熹一生的大部分时间都在从事私人讲学，发展地方教育。据《朱子年谱》载："先生穷日之力，治郡事甚劳，毋厌卑近，而慕高远，恳恻至到，闻者感动。""及邻郡数百里间，学子云集……坐席至不能容，溢于户外。"他平日教人，循循善诱，孜孜不倦，一日不讲学，一日不快乐。他的学生黄勉斋在所编撰的《朱子行状》说："从游之士，迭诵所习，以质其疑；意有未喻，则委曲告之，而未尝倦；问有未切，则反复戒之，而未尝隐。务学笃则喜见于言，进学难而忧形于色。讲论经典，商略古今，率至夜半。虽疾病支离，至诸生问辩，则脱然沉疴之去体，一日不讲学，则惕然常以为忧。"

心灵物语

朱熹是中国古代最著名的教育家之一。这不仅因为他个人学问高深渊博，也由于他教育得法、诲人不倦，从而成为了中国理学学派集大成者。朱熹对中国古代教育的贡献是巨大的，至今仍受到人们的尊敬。

史海钩沉

程朱学派

程朱学派是指以北宋时期的程颢、程颐和南宋的朱熹为代表的理学学派，也称"程朱理学"。

程颢、程颐早年受业于周敦颐，接受了周敦颐的道德性命之学的观点。然而，他们自称"学虽有所受，天理二字，却是自家体贴出来"。他们利用《周易·系辞》中"形而上者谓之道，形而下者谓之器"一语，提出“理”是“形而上者”，“器”是“形而下者”，形而上之理是“所以阴阳者”。他认为“天下只是一个理”，这是“无所逃于天地之间”的“天下之定理”。他们以“理”为最高范畴，建立了自己的哲学体系。

不过，程颢、程颐的思想倾向也是略有不同。程颢强调“仁者以天地万物为一体”和性无内外之说，提出“只心便是天”的观点；程颐则强调“性即理也”。这些不同倾向对理学的演变有重要影响。

朱熹不仅继承、发展了程颐和程颢的思想，而且集诸儒之大成，对北宋以来的理学思想进行了一次全面的总结，建立了一个庞大的理学体系。他在二程思想的基础上，提出了系统的格物致知说和知行学说，建立起完整的人性学说和有关修养方法的学说。由于他的学说是以二程思想，尤其是以程颐思想为基础的，以理为最高范畴，而与以陆九渊为代表的理在心中的思想有所不同，所以后来的学者就将他与二程联系起来，统称为程朱学派。

文苑荟萃

朱熹纪念馆

朱熹纪念馆坐落在江西省上饶市婺源县文公山景区的文公山朱子文化园内，占地面积约300平方米。

朱熹纪念馆于1990年落成。纪念馆古朴的大门上高悬着一块大匾，题为“朱熹纪念馆”五个醒目大字，是方毅同志在武夷山视察时留下的墨宝。

朱熹生前曾在武夷山讲学40余年，继承和发展了理学体系。殿前的大门两侧为草书楹联，联曰：“接伊洛之渊源，开闽海之邹鲁”，联文说明了朱熹的理学思想已成为我国哲学发展史上的一个承上启下的重要阶段。这副楹联悬于大门显得端庄典雅，醒目点题。

大殿前还有一副“致广大而尽精微，极高明而道中庸”的对联，表述了朱熹的哲学体系博大精深和儒家为人处世的规范。

大殿前横匾上书写的“学达性天”四字，字体雄浑、硕壮。这块原为清乾隆皇帝于1787年为“紫阳书院”御题的匾额，其大致意思是“学”为格物，“达”为致知，“性”为道，“天”为德。“格物致知”是朱熹认识论的核心，将道德看作天道的体现，即通过道德修养，追求“至诚”的境界，以感应天地，达到“天人合一”。

朱元璋教子严而有序

朱元璋（1328—1398年），明王朝的开国皇帝，原名重八，后取名兴宗，汉族，濠州（今安徽凤阳）钟离太平乡人，25岁时参加郭子兴领导的红巾军反抗蒙元暴政，龙凤七年（1361年）受封吴国公，十年自称吴王。元至正二十八年（1368年），在基本击破各路农民起义军和扫平元的残余势力后，于南京称帝，国号大明，年号洪武，建立了全国统一的封建政权。朱元璋统治时期被称为“洪武之治”，死后葬于明孝陵。

明朝开国皇帝朱元璋以严明治国而闻名，同时他也是一位严格教子的父亲。

朱元璋共有26个儿子，16个女儿。在这众多儿子中，长子朱标被立为皇太子，第九子和第二十六子早逝，其他23个儿子都被分封为王。朱元璋也和普通人一样，希望儿子能成就大业，保住来之不易的朱氏江山。

朱元璋小的时候生活很苦，给人放过牛，也讨过饭，当过和尚，也参军打过仗，是从苦日子中一步步走过来的。可他的孩子们就不一样了，几个年长的孩子虽然生在大明建立之前，却都年龄幼小，并未经历过磨难。年龄最长的太子朱标，当时也还不过10岁，因此明太祖朱元璋把对儿子们的教育当成了立国的头等大事。

洪武元年，朱元璋将长子朱标立为皇太子。洪武三年，又分封九个年长的儿子和一个侄孙为藩王。

封藩的第二天，他就亲自为诸王选定了一批“老成明经慎行之士”做诸王的老师。

当年冬天，他还命人建大本堂，取古今图籍存放其中，并聘请四方名儒到堂中教授儿子们。

朱元璋听说有个名叫李希颜的宿儒隐居乡里，很有名望，便亲自写信，请他来当儿子们的老师。李希颜学识虽高，脾气却很古板，儿子们有不听教诲的便要挨打。

朱元璋看到李希颜打他的儿子，很心疼，他抚着儿子被打的额头要发作，但被马皇后劝阻了，马皇后对朱元璋说：“师傅以圣人之道教育诸子，是不可以责怪的。”

朱元璋听了马皇后的话，气渐渐消了。朱元璋想，这正是我所希望的。

李希颜教习朱元璋的儿子们时间最长，直到他们都陆续长大，他才离官还乡。

朱元璋除了为儿子们请高明的老师讲授学问以外，自己也从来不错过一切机会对儿子们言传身教。在儿子们都很小的时候，当时长子朱标才十二三岁，他就命令内侍制成麻鞋和行囊，给儿子们出门穿戴用，并且还规定：凡是出城稍远时，年长的儿子们必须“马行其二，步趋其一”，也就是说，可以骑马走一段路，但不可全程骑马，总得步行一段路，以便使儿子们体会骑马与徒步之间的差距，体会行路的辛苦，不致因环境优越而滋生懒惰。

朱元璋还让人将古代的孝行和自己艰难征战的经历绘制成图画，赐给儿子们，让他们早晚经常阅览。朱元璋教育儿子们：“富贵易骄，艰难易忍，久远易忘。”正因为这样，他对诸子的教育也就集中于“勤俭劳苦”四个字上。

朱元璋曾说过这样的话：“朕于诸子，常切谕之：一举动戒其轻，一言笑斥其妄，一饮食教之节，一服用教之俭。恐其不知民之饥寒也，尝使之少忍饥寒；恐其不知民之勤劳也，尝使之少服劳事。”意思是要求儿子们在日常生活中注意从自己的一举一动、一言一笑、一食一用上做起，也就是从一点一滴做起。这些不但体现出朱元璋教子的良苦用心，也从中折射出朱元璋的思想境界。

洪武元年冬季的一天，朱元璋退朝回宫，让儿子们陪侍在他的身边。当他们来到宫中一片空地附近时，朱元璋指着那片空地对儿子们说：“此非不可起亭馆台榭，为游观之所，今但令内使种蔬，诚不忍伤民之财，劳民之力耳。昔商纣崇饰宫室，不恤人民，天下怨之，身死国亡。汉文帝欲作露台而惜百金之费，当时民安国富。夫奢俭不同，治乱悬判，尔等当记吾言，常存儆戒。”

皇宫里有的是亭台楼榭、奇珍异宝、奇花异草，有很多普通百姓根本没见过如此的华美与奢侈，对于一片空地，朱元璋却给儿子们做起了文章，讲的是这片地空着的好处，是用来种菜的，而种菜的人，没有烦劳百姓，劳动力是来自宫内的下人。同时，这片地之所以没有建筑亭台楼榭，是害怕因此而劳民伤财。他在讲述了这些之后，还联系到历史上奢侈的反面例子，由小到大，给儿子们阐述了勤俭与奢华之间的利害。这种随时随处的教诲，在当时是十分少见的。

洪武六年，朱元璋送给每个儿子两部书，分别是《昭鉴录》和《祖训录》。《昭鉴录》中采录了汉唐以来藩王善恶事例，《祖训录》则是他平时的训言。他要求儿子们仔细阅读这两本书，并把《祖训录》挂在墙上，目的是能够时时提醒儿子们以此为训，遵守祖法。

为了让儿子们受到更多的锻炼，朱元璋让儿子们先到凤阳生活一段时间，使他们离开宫廷，更多地接触民间生活。明成祖朱棣后来回忆说：“朕少时尝居凤阳，民事细事，无不究知。”

因为朱元璋注重家教，他的儿子们成年以后大都很能干。除去长子朱标为太子外，二子秦王、三子晋王、四子燕王分别封藩西安、太原和北平（永乐元年改称北京），成为藩屏北方的支柱。五子周王颇有文才，著《元宫词》百章，又著《救荒百草》，选出400多种可救饥荒的草类，制成图谱，加以注文，不仅可救民饥荒，也是一部植物学专著。八子潭王、十子鲁王、十一子蜀王也都以通文学、好学礼士而闻名。十二子湘王文武全才，读书常至半夜，又善弓马，曾开景元阁，招纳文士，校雠图籍。据说他行军时还带着大批图书，又喜游山水，俨然有名士之风。十六子庆王也是文学之士。十七子宁王尤以文武全才、多智谋而受太祖钟爱，他撰有《通鉴博论》《汉唐秘史》《史断》《文谱》《诗谱》等著作数十种，还通晓音乐和戏曲。

明太祖对诸子期望大，管教严，从不姑息。二子秦王多有过失，明太祖对他屡加训责，险些将其废黜，死后赐谥号为“愍”。十子鲁王因服金石丹药求长生，毒发伤目，太祖在他死后谥为“荒”，以作惩戒。

心灵物语

朱元璋严格教子，为明朝初期的几代帝王能够有所作为奠定了良好的基础。

史海钩沉

红巾军

红巾军是元朝末年起来反抗元朝的主要力量，最初与明教、弥勒教、白莲教等民间宗教结合。因打红旗，头扎红巾，故称作“红巾”或“红军”；又因焚香聚众，所以又被称作“香军”。

元顺帝统治末年，政治败坏，税赋沉重，加上天灾不断，韩山童、刘福通等便以弥勒下世、明王出世等教义，率众起事。至正十一年（1351年），元顺帝以贾鲁治理黄河，动用大量民夫，造成不满，韩山童等人便决定在该年5月发动事变。但不幸事泄，韩山童被杀。刘福通则带着韩山童的儿子韩林儿杀出重围，占领了颍州，在河南一带势力日益强盛。而北方其他起事者，如徐州的芝麻李、彭大、濠州的郭子兴等，都打着红巾的旗号。

北方红军兴起后，南方也纷纷打着红军的旗号起事。此外，还有王权在南阳地区的“北琐红军”、孟海满在荆襄一带的“南琐红军”等。

元朝政府对于红巾军的起事很快展开了镇压，红巾军遭受到了很大的打击。至正十五年（1355年），战局有所转变，刘福通立韩林儿为帝。其后数战，击败了答失八都鲁的军队，并展开反攻，甚至逼近元大都。南方的红巾军也在湖南、湖北等地取得胜利。朱元璋则接替了病逝的郭子兴，率军渡长江占领集庆（今南京）。至正十七年（1357年）前后，在北方以察罕帖木儿、孛罗帖木儿、李思齐等为首的元军将领开始对北方红巾军展开反攻，红巾军内部也发生了争执分裂，势力渐弱。1363年，北方红巾军在安丰之役中败给了新兴并降元的张士诚，刘福通也已战死，韩林儿投奔了朱元璋，随后被杀；南方红巾军将领陈友谅则于1360年杀死徐寿辉自代。此后，群雄争战，已渐失去原本红巾军的性质了。

谒明太祖陵

（清）乾　隆

崛起何嫌本做僧，汉高同杰又多能。
每当巡省临华里，必致勤虔谒孝陵。
一代规模颇称树，百年礼乐未遑兴。
独怜复古非通变，翻使燕兵衅可乘。

李应升临刑遗书诫子

李应升（1593—1626年），字仲达，号次见。明朝南直隶江阴人。

李应升万历四十四年中进士，授南康府（今江西庐山）推官。他任内不避豪强，救出被判为死罪的无辜百姓19人，杀污吏数人。百姓因为他公正廉明，心悦诚服，并编了歌谣："前林后李，清和无比。"（"林"指晋江林学会，也是以清慎著称的官员）

天启二年，李应升升迁为朝廷御史。当时，宦官魏忠贤一手遮天，朝政腐败。他嫉恶如仇，密拟魏忠贤16大罪，欲上疏朝廷，被哥哥阻止而怏怏不乐。不久，左副都御史杨涟上疏弹劾魏忠贤24大罪，李应升于是接踵其后慷慨陈词，历数魏忠贤祸国殃民的各种罪行。结果，他被捕入狱，惨遭杀害，年仅34岁。

在临刑前一天，李应升写了一封遗书给儿子，对儿子提出了六个要求，即"宜俭以惜福，宜谦以守身，宜孝以事亲，宜公以承家，桑梓之谊，文章一派"。

"宜俭以惜福"，是劝诫儿子，身在福中要知福。

"宜谦以守身"，是认为儿子还小，还不曾有高低上下的经历，也就不曾领教人情冷暖与世态炎凉。希望儿子要谦虚，要洁身自好。

"宜孝以事亲"，是告诉儿子不要忘记祖父母的疼爱，对祖父母要报以庄重的敬爱；同时告诉儿子服从母亲的教导，要成为母亲的依靠。不能因傲慢不满而不去恭敬。

"宜公以承家"，是告诉儿子做官要有名誉与气节，不要贪污或巧取豪夺。告诉儿子应该把伯伯当作父亲，把寡妇婶婶当作母亲一样看待。今天家里的财产，都是祖父母辛苦积累起来的，应遵照祖父母的主张，不可多取家产。

"桑梓之谊"，是告诉儿子只有一个同宗的妹妹，应当如同胞一样对待她。她倘若嫁给一个中等贫家，必须给她田庄百亩。对同宗妹妹的母亲，应供给衣食，拨给她养老的田地收租以保证她的生活，出出进进，都要小心瞻顾。

"文章一派"，是告诉儿子你的天资并不愚钝，应该努力勤学。倘有上进的那一天，应该先归功于修养；如果没有上进的希望，必须做一个读书的秀才。

遗书的最后，李应升还对儿子写道："我恨我不能为你的祖父母养老送终，待你的祖父母百年之后，埋葬在我的坟墓旁边，不得远离。"

□心灵物语

李应升的诫子遗书使人潸然泪下。李应升的诫子遗书不仅对李家后代有深刻的教益，对今天的人们也有很好的启示。

□史海钩沉

锦衣卫

锦衣卫是明朝所设立的官署名，也就是锦衣亲军都指挥使司，皇帝的侍卫机构。

锦衣卫的前身是明太祖朱元璋统治时期所设立的御用拱卫司。为了监视、侦查、镇压官吏的不法行为，朱元璋先后任用亲信的文武官员充当“检校”，“专主察听在京大小衙门官吏不公不法及风闻之事，无不奏闻”。明洪武二年（1369年），又改设大内亲军都督府；洪武十五年（1382年）设锦衣卫，作为皇帝侍卫的军事机构。朱元璋为加强中央集权，特令锦衣卫掌管刑狱，赋予其巡察缉捕之权，从事侦查、逮捕、审问等活动。

文苑荟萃

郡中别徐元修

（明）李应升

其一

相逢脉脉共凄伤，讶我无情似木肠。
有客冲冠歌易水，不将儿女泪沾裳。

其二

南州高士旧知闻，如水交情义拂云。
他日清朝应秉笔，党人碑后勒遗文。

林则徐受父教成大器

林宾日（1749—1827年），原名天翰，字孟养，号旸谷，籍贯侯官（今福州）。民族英雄林则徐之父。

林宾日这个名字鲜为人知，可是提到林则徐，却几乎无人不晓。林宾日就是林则徐的父亲。林宾日的祖上曾是官宦人家，到他父亲这一代已经衰败。有了林则徐之后，林家已经沦落为“家无一尺之地，半亩之田”的极其贫困的境地。

林宾日是个知识分子，因家境贫寒，只得放弃学业，做了私塾先生，“半饥半寒，迁就度日”。在当时历史条件下，作为下层知识分子，生活上只有两个出路，一是通过科举，走仕途之路；另一条路就是在苦海中挣扎，甘当普通的老百姓。林宾日也曾梦想过做官，但未能如愿。因此，他把希望寄托在儿子身上，历尽艰辛，培养儿子成人。

林则徐4岁的时候，林宾日便开始了对他的启蒙教育。当时，林则徐年岁太小，别说读书，就是坐住都难。林宾日对待儿子是很有耐心的，不管小林则徐怎样淘气，他从不打骂，只有循循善诱。每当教完其他学生的功课后，他便把林则徐抱在膝上，一句一句地教他读诵文章和诗词。这样，林则徐在享受父亲爱抚的同时，又在愉快的气氛中学到了许多知识。这种教育方法给林则徐以极深的印象，成年后的林则徐曾这样回忆道：“父亲教我读书，谆谆教诲，循循善诱，不发脾气，没有疾言厉色，所以使我乐于学习。”

这样过了三年，林则徐已经能够熟练地背诵出许多文章、诗词。林则徐7岁的时候，林宾日便开始教他写文章，这比一般的孩子要早得多。当时有人劝林宾日，不必这么早就教孩子写文章，他回答说：“此儿性灵，时有发现处，不引之则其机反窒。”他知道，孩子的天资好，应该及时诱导，否则将会使他的聪明才智被无情扼杀掉。由于林宾日的耐心教诲，加上林则徐的刻苦努力，林则徐很快便“以童年擅文名”。

林宾日在教儿子读书的同时，还注意培养他吃苦耐劳的品质。

林家清贫，据说每到除夕之夜才能吃上一顿素炒豆腐。尽管如此，林宾日即使典当旧衣物，也要保证孩子学习。他要求孩子读书不能怕吃苦，并规定每天读书至深夜。为了督促、鼓励孩子刻苦读书，林宾日每天带领全家在一盏小油灯下忙碌，以陪伴林则徐学习。

有人见林宾日如此清苦，便劝他改行，而林宾日“唯笑不应”。这对林则徐的影响极深，他每当看到父母姐妹们忙碌，总要抢着帮他们干活儿。每当这时，林宾日便告诉孩子不必顾及于此，要努力读书，将来为国家效力。他曾在家中贴了这样一副对联：“粗衣淡饭好些茶，这个福老夫享了；齐家治国平天下，此等事儿曹任之。”父母姐妹的艰辛以及父亲的殷切希望，是对林则徐的巨大鞭策和鼓舞。

有一年春夏之交，青黄不接。林家本已很困难，林宾日的三哥林天策又托人来借粮。林宾日毫不犹豫地将家中仅有的一点儿粮食送给了三哥，然后又把孩子们叫到身边，对他们说：“汝伯父来，不得言未举火。”结果，林则徐和姐妹们吃了一天剩饭，而林宾日夫妇饿着肚子。这种珍视手足之情，以及“视人之急犹己家”的舍己为人精神，深深地打动了林则徐，使他终生难忘。

林宾日了解官场的腐败，每每在家中与夫人谈论朝政抨击时弊，说到激动处往往怒形于色，这对在一旁静听的林则徐也产生了很大影响。

林则徐20岁乡试中举，次年入京会试落榜，又回到家乡当私塾先生。这时，林宾日和一些正直的读书人结成了“真率会”，“讨论文字，上下古今”。这个文学小团体反对拘泥于古人的庸俗，主张“纵谈不讲之乎者也”，“说家常不及男婚女嫁”，在礼仪上反对守旧，具有开明的倾向。林则徐也参与了活动，并认识了一些正直的读书人，这对于他了解社会、了解国情起了很大作用，是他从幼稚走向成熟的重要阶段。

心灵物语

林宾日是一个封建知识分子，他希望儿子能够读书做官，但他更注意教育儿子做个正直的官。因此，不论是言传还是身教，都起到了积极的作用，收到了良好的效果，使林则徐从小便养成了正派、刚直的性格。

史海钩沉

因材施教出文章

林则徐4岁时，就开始接触书本了。开始时，他是听比自己大三四岁的孩子朗读，耳濡目染之中自己便也捧起了书本。那么，林则徐为什么会这样早就开始读书呢？

原来，林则徐的父亲林宾日是一位私塾先生，当时林宾日正受聘在附近的一个姓罗的人家里教课。罗家与林家很近，父亲望子成龙，所以就每天带着林则徐一起到私塾上学，让他接触书本，有时也让他跟着学生朗读。就这样，林则徐竟也识得了不少字。

古代的私塾中总是有些不成文的规矩，学生稍有不顺从，就会受到体罚，轻则打手心，重则顶砖头。林宾日反对这些规矩，他经常对别人说："孩子们有什么不对的地方，应该耐心地把书本上的道理讲给他们听，让他们自己改正错误，打骂可不是好办法。"他不但这样说的，也是这样做的，因此轻易不打骂学童。这也受到了孩子和孩子家长们的欢迎，因此来他这个私塾上学的孩子也越来越多。

林则徐见父亲受到孩子和家长的爱戴，心里也十分高兴。幼小的他开始想：父亲能这样好好教导学生，我更应该听他教诲，认真地读书，绝不错过寸金光阴。

春去秋来，匆匆又过了三年，林则徐比同龄的孩子读了更多的书，也懂得了更多的做人道理。白天，他继续随父亲到罗家私塾去，晚上吃完饭后就坐在板凳上，复习白天的功课。

一天晚上，林则徐正在读书，猛然瞧见母亲在剪纸花时不慎被剪刀戳伤了手指，非常心疼。他对母亲说："母亲，您也教我剪纸花吧，也好让我为家里挣点儿钱。"

母亲听了儿子的话，认真地说："好男儿应该有远大的志向，剪纸花不是你要做的事呀！"

"说得好。"林宾日此时正在一旁读《宋史·李纲传》。听了妻子的话，他立即放下手中的书，紧接着说："做一个好男儿就得努力读书，向书上的好人学习。比如像这位李纲，说来也是我们的大同乡。你要是能像他那样忠贞报国，我们就高兴了。"

林则徐过去曾听父亲讲过李纲，还有和李纲同时代的宗泽、岳飞等民族英雄的故事。这次他又听到父亲让他学习李纲，就郑重地表示：“我一定要照你们的话去做，长大了为国家效力。”

文苑荟萃

《赴戍登程口占示家人》七律二首

（清）林则徐

其一

出门一笑莫心哀，浩荡襟怀到处开。
时事难从无过立，达官非自有生来。
风涛回首空三岛，尘壤从头数九垓。
休信儿童轻薄语，嗤他赵老送灯台。

其二

力微任重久神疲，再竭衰庸定不支。
苟利国家生死以，岂因祸福避趋之？
谪居正是君恩厚，养拙刚于戍卒宜。
戏与山妻谈故事，试吟断送老头皮。

第二篇

身教重于言教

孟献子囚子为教子

孟献子（？—前554年），姬姓，孟氏（亦称仲氏），名蔑，谥献，史称孟献子。鲁国孟氏家族振兴的重要贡献者，春秋中期鲁国外交家、政治家。

季文子和孟献子两人，分别是鲁国宣、成时期的臣子。他们都很重视从子女的言行中把握其思想，并且能够及时地对子女进行有针对性的教育。

虽然季文子做过鲁宣公和鲁成公时期的相，但他为人俭朴，连他的老婆也没有华丽的服饰，也不曾用好粮食喂养马匹。他的这种做派遭到了孟献子的儿子仲孙它的质疑，仲孙它对季文子说："子为上卿，妾不衣帛，马不食粟，人其以子为爱，且不华国乎？"意思是说您身为高官，自己的妻子不穿华美的衣服，也不曾用好粮食喂养马匹，太小气了。您这样做国家也不体面。

对仲孙它的追求华美奢侈的思想，季文子首先阐明了当官也应节俭的道理，然后又向他讲解怎样才能为国争光。

季文子的话在仲孙它看来，简直就是空洞的说教，根本听不进去。事后，季文子很快就把仲孙它的这些话告诉了他的父亲孟献子。

孟献子得知此事，立即叫人把仲孙它抓了起来，"囚之七日"。

孟献子教育儿子的方法很独特，他既没对儿子进行批评教育，也没采用一般人常用的教子办法，而是关了儿子整整七天的禁闭。

仲孙它在禁闭室里待着，他觉得父亲对自己过于严厉，有些小题大做了，不就是几句闲话吗？值得这样大惊小怪？他或许还觉得，父亲是出于对自己的爱护，就像对待长出了多余枝杈的小树一样，应该及时剪枝，不然，小树肯定长不好，成材几乎没有可能。他或许还会看到从窗子斜射进来的一缕阳光，仲孙它从来没有像现在这样渴望自由，渴望在自由的世界里随意走动。不过，随便说话是不行的，尤其是不能再随意说哪位大人的生活如何，应该怎么样之类的话，因为自己无法了解别人的内心世界，以及别人的追求与志向等重大问题。当然，仲孙它在禁闭室里到底都想了些什么，不得而知，所以也就只能猜测了。

不管仲孙它到底想了些什么，反正孟献子的这一招真收到了意想不到的效果。也就是孟献子对儿子仲孙它这一关，真的就关出了一个节俭的仲孙它。

据说，此后，在仲孙它的家里，妻子身上的衣服不但没有富贵人家那样的奢华，连长褂子都没有。同时，喂马的草料也不过是糟糠瘪稗，从来也不用好粮食喂牲口。

仲孙它彻底纠正了自己的错误思想，得到了季文子的赏识。后来，季文子推荐他担任了上大夫。当然，仲孙它能够被重用，注意节俭、廉洁自律，是重要的一点。

心灵物语

孟献子严于律己，严于教子，从自身做起，从子女生活与思想的细微处发现缺点或错误，并采取相应的办法及时纠正，为子女的健康成长提供了良好的环境，打下了坚实的思想基础。当然，无论是季文子还是孟献子，都在子女教育方面为后人树立了很好的榜样。

史海钩沉

孟献子“以贤人为富”

孟献子是春秋时期鲁国三家执政的大夫之一，一生侍奉过鲁宣公、鲁成公、鲁襄公三代，三朝为相50年。他执政时期虽权倾朝野，但其为政十分清廉。他曾经说过一句政治名言：“有车马可乘的人家，不贪图鸡、猪的利息，豪门贵族不去追求牛羊的收入，大国之卿不可养聚敛财富的家臣。”

有一次，孟献子出访晋国，晋国执政韩宣子设宴款待孟献子一行人，二人话语投机，甚是高兴，便一连换了三个饮酒的地方。这三个地方处处都备有金钟编磬等乐队为宴会鼓乐，不用现场搬动。孟献子看到韩宣子有如此的排场，非常感慨地对韩宣子说：“大夫，您家里真富有啊！”韩宣子就着这个话题对孟献子说：“大夫，您看您的家和我的家相比谁更富有呢？”孟献子诚恳地说：“我的家很穷，只有两个士，一个叫颜渊，另一个叫兹无灵。他们虽然是一介书生，不过他们都很有学识和才华。我任用了他们两个人，就能把我辖区内的老百姓治理得和睦相处、安居乐业了。”

文苑荟萃

《公羊传》

《公羊传》也称《春秋公羊传》《公羊春秋》，是一部专门解释《春秋》的典籍。它的起讫年代与《春秋》一致，即公元前722年至公元前481年，释史也十分简略，着重阐释了《春秋》中所谓的“微言大义”，是用问答的方式解经的。

《公羊传》的作者是战国时期的齐人公羊高。他受学于孔子弟子子夏，后来成为传诵《春秋》的三大家之一。

《公羊传》最初只是口耳相传，到公羊高的玄孙公羊寿（汉景帝时人）方与齐人胡毋生(《汉书》作胡母生，复姓胡毋或胡母，名子都，生是“先生”的意思）合作，才将《公羊传》定稿“著于竹帛”。因此，关于《公羊传》的作者，班固在《汉书·艺文志》中笼统地称之为“公羊子”，颜师古说是公羊高，《四库全书总目》则署作汉公羊寿，因此说法不一。

《公羊传》的体裁特点是经传合并，传文逐句都阐述了《春秋》经文的大义，与《左传》以记载史实为主的性质不同。《公羊传》也是今文经学的重要经籍，历代今文经学家经常引用它作为谈论政治的工具。同时，它还是研究先秦至汉代儒家思想的重要资料。后世注释《公羊传》的书籍主要有东汉何休撰的《春秋公羊解诂》、唐朝徐彦作的《公羊传疏》以及清朝陈立编撰的《公羊义疏》等。

范滂大义凛然

范滂（137—169年），字孟博，汝南征羌县（今河南漯河市召陵区）人。他少年时便怀澄清天下之志，嫉恶如仇，为官清廉。第一次党锢之祸时，与李膺同时被捕，被释还乡时，迎接他的士大夫的车有数千辆。党锢之祸再起，朝廷下令捉拿他，县令郭揖欲弃官与他一起逃亡，他不肯连累别人，自己投案，死于狱中。

范滂，东汉汝南征羌县（今河南漯河市召陵区）人。在母亲的教导下，他从小立下志向，以澄清天下为己任。当时，皇室衰微，宦官集团独揽大权。范滂的官职虽不高，在与宦官的斗争中却极有威望，与朝廷正直大臣李膺、杜密等人同为中流砥柱。

建宁二年，宦官集团大肆搜捕“党人”，李膺、杜密等相继被捕入狱，李膺被拷打致死，而杜密则自杀了。范滂自知横祸将至，无论如何是逃不过这一劫难的。

汝南郡的督邮奉命到征羌县捉拿范滂。到了征羌的驿舍里，他关上门，抱着诏书伏在床上大哭。驿舍里的人听到哭声，弄不清是怎么回事。

消息传到范滂那里，范滂说：“我知道督邮一定是为了不愿意抓我才哭的。”

范滂就亲自跑到县里去投案。县令郭揖也是个正直的人，他见范滂来了，吓了一大跳。他说：“天下这么大，哪儿不能去，您到这儿来干什么？”

他打算交出官印，跟范滂一起逃走。

范滂感激地对他说：“不用了。我死了，朝廷也许能把抓党人的事停下来。我怎么能连累您呢？再说，我母亲已经老了，我一逃不是还连累了她吗？”

县令没有法子，只好把范滂收在监狱里，并且派人通知范滂的老母亲和儿子来跟范滂见面。

范母带着孙儿随着公差到监狱来探望范滂。范滂安慰她说：“我死了以后，还有弟弟会抚养您。您不要过分伤心。”范母说：“你能和李、杜（指李膺、杜密）两位一样留下好名声，我已经知足了。你也用不着难过。”

范滂跪着听母亲说完话，回过头来对儿子说：“我要叫你做坏事吧，可是坏事毕竟是不该做的；我要叫你做好事吧，可是我一生没有做坏事，却落得这步田地。”旁边的人听了，都禁不住流下了眼泪。

像李膺、范滂这样被杀的党人一共有一百多人，另有六七百在全国有声望的或者跟宦官有一点儿怨仇的，也被宦官诬指为党人，遭到逮捕，不是被杀，就是充军，或被禁锢终身。

只有那个宦官侯览的对头张俭，逃过了官府搜捕。他到处躲藏，许多人情愿冒着生命危险收留他。得到官府来抓他的消息时，他又躲到别处去。于是，凡收留过他的人家都遭了殃，轻的下监狱，重的被杀，甚至整个郡县都遭到灾殃。

经过这两次“党锢之祸”，朝廷里比较耿直的官员遭到沉重打击，大小官职差不多都由宦官和他们的门徒包下了。

在范滂被押解去京城的那天，母亲又特意为他设酒饯行。她噙着眼泪说：“我做母亲的决不愿向恶势力低头，儿子你做得对，放心去吧！”送行的人们听到范母这番豪言壮语，悲痛得泣不成声。他们佩服范母深明大义，不愧是忠臣烈子的母亲。

范滂被害时才33岁。

■心灵物语

范滂的母亲是一位深明大义的母亲，她亲力亲为，为后代作出了榜样。范滂能经历两次“党锢之祸”而坚贞不屈，以身殉国，也得益于母亲的教诲。他不愧为忠臣烈子。范滂和母亲为正义而勇于献身的精神，炳耀千秋，永垂史册。

■史海钩沉

汉灵帝轶事

汉灵帝统治时期，十分依靠宦官。尤其是窦氏外戚集团在外戚与宦官的争斗中覆灭后，灵帝对宦官集团的依赖更是日益加重。大到人才遴选，小到日常政务，几乎全部委托给自己宠信的张让、赵忠等十人，人称“十常侍”。

灵帝自己平时常常深居内宫，想尽办法尝试玩乐的新花样。内宫没有驴子，一个善于逢迎的小黄门就从外地选了四头驴进宫。灵帝见后，如获至宝，每天驾着一辆小车在宫内游玩。开始时，他还找一个驾车的驭者，几天后索性亲自驾车。皇帝驾驴车的消息传出宫外，京城许多官僚士大夫也都竞相模仿，一时民间驴价大涨。

正当京城弥漫着驴车扬起的烟尘时，灵帝又对驴车失去了兴趣。这时又有宦官别出心裁，将狗戴贤冠、穿朝服、佩绶带，让狗摇摇摆摆地上了朝。待灵帝认出这是一只狗时，不禁拍掌大笑，赞道："好一个狗官。"满朝文武虽然感到受了奇耻大辱，但也是敢怒不敢言。

宦官集团为壮大自己的势力，还唆使灵帝明码标价，公开卖官。翟烈出身名门，在买太尉时花了五百万。不久，宦官曹腾的养子曹嵩也想买太尉一职，出价一万万，灵帝就把翟烈罢黜，把太尉一职转卖给了曹嵩。

文苑荟萃

《后汉书》

《后汉书》由我国南朝刘宋时期的历史学家范晔所编撰，是一部记述了上起东汉的汉光武帝建武元年（25 年），下至汉献帝建安二十五年（220 年），共 196 年史事的纪传体史书，也是"二十四史"之一，与《史记》《汉书》《三国志》并称为"前四史"。

《后汉书》大部分都沿袭了《史记》和《汉书》的现成体例，但在成书过程中，作者范晔根据东汉历史的具体特点又对内容有所创新和变动。

首先，他在帝纪之后添置了皇后纪。东汉从和帝开始，连续有六个太后临朝，因此，把她们的活动写成纪的形式，既名正言顺，又能准确地反映这一时期的政治特点。

其次，《后汉书》新增加了《党锢传》《宦者传》《文苑传》《独行传》《方术传》《逸民传》《列女传》七个类传。为此，范晔也成为第一位在纪传体史书中专为女性作传的史学家。尤其可贵的是，《列女传》所收集的17位杰出女性并不都是贞女节妇，还包括不符合礼教道德标准的才女蔡琰。

《后汉书》的结构严谨，编排有序。如八十列传，大体都是按照时代的先后进行排列的。最初的三卷为两汉之际的风云人物，其后的九卷是光武帝时期的宗室王侯和重要将领等。

此外，《后汉书》的进步性还体现在它勇于揭露黑暗政治，同情和歌颂正义的行为。在《王充、王符、仲长统传》中，作者范晔就详细地收录了八篇抨击时政的论文。因此，《后汉书》一方面揭露了鱼肉人民的权贵，另一方面又表彰了那些刚强正直、不畏强暴的中下层人士。

颜之推苦心育后代

颜之推（531—约595年），字介，原籍琅琊临沂（今山东省临沂市），中国古代文学家，生活在南北朝至隋朝之间。世居建康（今南京市），生于士族官僚家庭，世传《周官》《左氏春秋》。他早传家业，12岁时听讲老庄之学，因“虚谈非其所好，还习《礼》《传》”，生活上“好饮酒，多任纵，不修边幅”。他博览群书，为文辞情并茂，得梁湘东王赏识，19岁就被任为左常侍。后投奔北齐，历20年，官至黄门侍郎。577年，北齐为北周所灭，他被征为御史上士。581年，隋代北周，他又于隋文帝开皇年间被召为学士，不久以疾终。

颜之推所著的《颜氏家训》20篇，影响深远，被誉为“篇篇药石，言言龟鉴”。其中有关幼儿教育的言论，直至今天仍有重要的借鉴作用。

颜之推说：“当及婴稚，识人颜色，知人喜怒，便加教诲，使为则为，使止则止，比及数岁，可省笞罚。父母威严而有慈，则子女畏慎而生孝矣。”

这段话的意思是，当子女还在襁褓中时，已经开始懂得人的各种表情，做父母的要严肃而慈爱地进行教诲，端正他（她）的行为，使他（她）逐渐明白是非对错。待到几岁时，也不要随便打骂呵斥。这样，在子女幼小的心灵上，自然能够滋生谨慎的孝心。

颜之推之所以要创作《颜氏家训》，是有来历的。

相传，他在了解了大禹的妻子涂山氏生了儿子启以后，因涂山氏懂得比较好的教育方法，使夏启在很小的时候就懂得大事，明白“君臣之义”。由此，颜之推产生了关于儿童早期教育的一些想法。

颜之推认为，教育孩子要讲究方式方法。他对孔子的“少成若天性，习惯如自然”的话是认可的，并继续引申道：“教妇初来，教儿婴孩。”他以为，不管是孔夫子的话，还是民间流传的话，都是真实的，是前人生活与人生经验的总结。对孩子如果放任不管，应该训诫的却奖励，本该怒斥的反而逗笑，一旦骄傲怠慢的恶习养成，即便再用皮鞭棍棒去处罚他，也无济于事了。孔子所说的“习惯已成自然”，既有正面的经验，也有反面的教训。所以说：“教育媳妇在刚过门时，教育孩子在孩子还小的时候。”颜之推说：“父子之严，不可以狎；骨肉之爱，不可以简。简则慈孝不接，狎则怠慢生焉。”狎，过分亲昵之意；简，简略而不合乎礼节。这段话的意思是说，父子之间的爱应该是严肃而正当的，如果过分亲昵，就会出现不分上下或尊卑的现象，这样就容易带来怠慢；骨肉之间的爱，也应该有礼节，如果轻视或忽略了这一点，就很难做到论“慈”讲“孝”了。

颜之推还主张早期教育，他指出：“人生小幼，精神专利，长成已后，思虑散逸，固需早教，勿失机也。”他用自己的亲身经历现身说法：“我七岁的时候，就诵读《鲁灵光殿赋》，一直坚持到今天，仍旧十年再温习一次，所以才不会遗忘。二十岁之后所读过的经书，扔下一个月不去读，也就生疏了，生疏得如同荒芜的土地一样。”

颜之推用事实说明，教育的启蒙最好是在小的时候，这时的人精神专注，记忆力好，所学的知识记得牢靠。当然，要受用真知一生，最好是能够坚持“温故而知新”，如同他坚持背诵《鲁灵光殿赋》那样。

颜之推重视幼儿教育，认为人在幼年时期性情纯洁，未染恶习，容易接受父母教诲。如果能及早让子女养成良好的习惯，学习有关仁义礼智的礼节和做人的起码常识，便可以为日后的成长打下坚实的基础。颜之推在强调幼儿教育的同时，对于少年时期的环境教育也十分注意。他说："人在少年，神情未定，所与款狎，熏渍陶染，言笑举动，无心于学，潜移暗化，自然似之，何况操履艺能，较明易习者也？是以与善人居，如入芝兰之室，久而自芳也；与恶人居，如入鲍鱼之肆，久而自臭也。"

这段话的最后两句，颜之推是引用孔子的话，意思是说：常和品行高尚的人在一起，就像沐浴在撒满芝兰香气的屋子里一样，时间长了便闻不到香味，但本身已经充满香气了；和品行低劣的人在一起，就像到了卖鲍鱼的地方，时间长了也闻不到臭味了，也是融入环境里了。所以说真正的君子必须谨慎地选择自己身处的环境。

"恶以诫世，善以示后"是《鲁灵光殿赋》中的一句。似乎就是这句话，可以解释颜之推热心儿童的早期教育，苦心著述《颜氏家训》的初衷吧。

心灵物语

颜之推引用孔子的话告诫子孙，只有和品行高尚的人在一起，才会让自己的品格变得高尚。正所谓"近朱者赤，近墨者黑"。

史海钩沉

颜之推论家庭教育

颜之推在家庭教育方面也有自己的主张，他认为，家庭教育应该及早进行，有条件的还应在儿童未出生时就实行胎教。儿童出生后，便应以明白孝仁礼义的人“导习之”。孩子稍微大一点儿，要在他“识人颜色，知人喜怒”时加以“教诲”，该做的事就引导他去做，不该做的就不让他做。这样进行教育，孩子到9岁以后，便可以“少成若天性，习惯如自然”。

颜之推认为，早期教育之所以重要，主要有两个原因：其一，幼童时期学习效果较好，得益较大。他说：“人生小幼，精神专利。长成已后，思虑散逸，固需早教，勿失机也。”他根据幼童阶段与成年以后的不同心理特征，说明幼年时期受外界干扰少，精神专注，记忆力旺盛，能保持长久的记忆；而成年人思想复杂，精神不易集中，记忆力也逐渐衰退。其二，人在幼年时期，心里纯净，各种思想观念和行为习惯尚未形成，可塑性很大。颜之推认为，在这个时期，儿童受好的教育与环境影响，抑或坏的教育与环境影响，都会在儿童心灵上打上很深的烙印，长大以后也难以改变。

颜之推还提出，家庭教育应从严入手，严与慈相互结合，不能因为孩子小就一味地溺爱和放任。父母在子女面前也要严肃庄重，保持一定的威信。他说：“父母威严而有慈，则子女畏慎而生孝矣。”他认为，善于教育子女的父母，可以把对子女的爱护和教育结合起来，这样就能收到良好的效果。相反，如果没有处理好两者关系，“无教而有爱”，让孩子任性放纵，将来也容易铸成大错。

颜之推还十分重视子女的道德教育，而且对子女的道德教育是以孝悌等人伦道德教育为基础，以树立仁义的信念为主要任务，以实践仁义为最终目的。他教育子女，为实践仁义道德的准则应不惜任何代价，以至牺牲生命。他认为，儿童立志尤为重要，士大夫子弟只有确立远大的志向、理想，才经得起任何磨难，最终成就大业。他说：“有志尚者，遂能磨砺，以就素业。”

颜之推还特别重视为人之道的教育。他所强调的为人之道，首先是“厚重”，认为“自古文人，多陷轻薄”，历史上许多文人都由“轻薄”而终为败累，惨遭杀祸。他认为，要吸取这个惨痛的教训，就必须养成忠君、孝顺、谦恭、礼让这些“厚重”的道德品质。其次，他还主张“少欲知足”。如果“不知其穷”的性情任其发展，不加以节制，就是如秦始皇、汉武帝“富有四海，贵为天子”的大人物，也会自取败累，而一般的士庶就更不用说了。其三，“无多言”“无多事”，认为“天道”原来如此。所以，“论政得失”“献书言计”等，都属于多言性质。同理，也不应该多做事。如果不是你分内的事，你就不必想它或做它。至于主持公道，打抱不平，“游侠之徒，非君子之所为也”。可见，颜之推传授给子女的为人之道，是他历官四朝的经验总结。但在今天看来，这种为人处世方法是不足为训的，它反映了一种消极遁世、利己主义的思想，与先秦儒家的积极入世态度有很大的距离。

文苑荟萃

古　意

（南北朝）颜之推

十五好诗书，二十弹冠仕。
楚王赐颜色，出入章华里。
作赋凌屈原，读书夸左史。
数从明月宴，或侍朝云祀。
登山摘紫芝，泛江采绿芷。
歌舞未终曲，风尘暗天起。
吴师破九龙，秦兵割千里。
狐兔穴宗庙，霜露沾朝市。
璧入邯郸宫，剑去襄城水。
未获殉陵墓，独生良足耻。
悯悯思旧都，恻恻怀君子。
白发窥明镜，忧伤没余齿。

李大亮从善待人

李大亮（586—644年），隋末在大将军庞玉部下为行军兵曹。大业十三年（617年），与瓦岗军作战被俘，随之获释。李渊兵进长安，建立唐朝，大亮投归，被授予土门令。后镇压辅公祏起义，迁为越州（今浙江绍兴）都督。唐太宗贞观年间改任交州（今越南河内）都督，封五阳县男。后招入为太府卿。太宗委任他为西北道安抚大使，令他运粮抚慰边地突厥部。贞观八年（634年）调任剑南道寻省大使。次年初，朝廷发兵进攻吐谷浑，他奉命随大总管李靖出征。十七年，晋王李治被立为太子，他兼任太子右卫派率，工部尚书，负责守卫太宗和太子寝宫。是年病卒，时年59岁。赠兵部侍郎，秦州都督，陪葬于昭陵。

唐代有个叫李大亮的人，曾任左卫大将军兼太子右卫的官职。

李大亮忠诚严谨，做事认真。他的职责决定他要经常在皇宫和太子居住的东宫值夜。为了在发生紧急情况时能及时处理，每次值夜他都是和衣而卧，从不脱衣熟睡。唐太宗很信任他，曾对他说：“每当你在宫中值夜，我便通夜安卧。”唐太宗的话，对李大亮的忠于职守给予了充分的肯定。

李大亮虽然深受皇帝宠信，历任要职，所得俸禄、赏赐的数量颇为可观，生活却很节俭。他的住处低矮简陋，衣服少而简单。

对于李大亮这样官位显赫、俸禄优厚的人，生活上如此节俭，居住着低矮且简陋的房子，难道他是个吝啬鬼？

如果有人真的这么想，用这样的眼光看待李大亮，那就完全错了。李大亮很小的时候，父母相继去世，是在兄嫂跟前长大的。兄嫂对他像对待自己的子女一样，供他吃穿，还供他读书。当然，兄嫂在李大亮的心目中，如同自己的父母一样。因此，他走上仕途之后，官越做越大，以致后来声名显赫，却从没忘兄嫂对自己的养育之恩。他对哥哥十分尊重，侍奉兄嫂如同侍奉父母一样。老年的兄嫂总是对亲戚朋友说："我这弟弟，真是没的说，比儿女对我们都要孝顺。"

李大亮小的时候，顽皮而且十分淘气，经常被一同玩耍的别人家的孩子告状。原因也简单，他把自己的聪明劲头用在了同小伙伴玩耍中的指挥上，他总是当领导，孩子们对他的指手画脚也很顺从。当然，也会有不服的时候。出现这种情况，李大亮对不听从指挥的孩子就动起手来，把人家打了。事情告到兄嫂那里，兄嫂总是先向人家道歉，然后再关上门教训李大亮。一次，哥哥批评他，他不服气，认为自己没有错。嫂子接过话茬，冲李大亮说："你没错，扯破的衣裳，我可不再给你补了。"李大亮听嫂子这样说，觉得罕见，再看嫂子的眼里，噙着亮晶晶的泪水，险些溢出来。

晚上，李大亮温完了书，刚刚躺在床上，哥嫂的屋子里还亮着灯。他悄悄地爬起来，透过那虚掩着的门，见嫂子在昏暗的烛光下正给自己缝补白天扯破的衣裳。嫂子一边缝，一边对哥哥说："弟弟是个读书的材料，只要好好学习，将来能干大事。白天的事情其实并不怨他，都是小孩子，能争出个什么来？"

听到这里，李大亮悄悄回到自己的屋里，翻来覆去怎么也睡不着。他想了很多，想起了很多兄嫂平日里对自己的好处。他觉得，兄嫂对自己的关照简直如同爹娘，往后再也不能惹他们生气，让他们为自己操心了。

此后，李大亮像换了个人，读书更加认真刻苦，后来终于走上了仕途。

长大后的李大亮不但对自己的哥哥嫂子亲如父母，对待亲戚、族里的人，也都尽力帮助。他把自己舍不得用的东西大多都送给亲戚，留下自用的很少。他曾耗尽自己的家产，为宗族中没有后代、死后无人安葬的30多人隆重地料理后事，“送终之礼，莫不备具”。他还抚养了许多亲戚家的孤儿。在他去世后，他抚养的孤儿纷纷赶来吊唁。

心灵物语

李大亮从小就听兄嫂的话，而且是个十分上进、知恩图报的好孩子。在兄嫂的谆谆教导下，他身上具备了许多优秀的品质。他过着简朴的生活，却把财产都送给亲戚，还抚养许多孤儿，他的优秀品质值得我们学习。他去世后，人们都赞许他的美德。他抚养过的那些孤儿也都纷纷赶来吊唁致哀，“服之如父者十五人”。由此可见，李大亮尊敬兄嫂如同父母的事例，也教育了后代子孙要懂得孝敬父母长辈，团结友爱，互帮互助。

史海钩沉

瓦岗军

瓦岗军是隋末农民起义军中战斗力最强的一支队伍。公元611年，东郡韦城县（今河南滑县）人翟让因罪逃亡到瓦岗寨（今滑县南），继而聚众起事。不久，同郡的王伯当、单雄信、徐世绩等人也都纷纷加入，瓦岗军势力渐强。

然而在大业十三年(617年)，瓦岗军内部发生了严重的内讧，李密杀死了翟让，并坚持在东都城外与隋军相持的错误战略。大业十四年(618年)三月，隋炀帝在江都被杀，宇文化及引兵西归，在洛阳城下与瓦岗军相遇。最终，瓦岗军被宇文化及军和王世充军前后夹击而大败。九月，李密西逃，降于大唐，瓦岗起义军也最终溃散。

文苑荟萃

五铢钱

五铢钱是我国钱币史上使用时间最长的一种货币，也是一种用重量作为货币单位的钱币，在我国的货币发展史上产生了一定的影响。

汉武帝元狩五年（公元前 118 年），中原地区开始发行五铢钱，从此便开启了汉朝五铢钱的先河。直到东汉末年，除中间有些小的变动（如王莽统治的时期）之外，西汉、东汉上下四百多年内，都是五铢钱一统天下。

五铢钱也奠定了中国钱币圆形方孔的特色。这种小铜钱呈外圆内方形状，象征着天地乾坤。在下面则用篆字铸出“五铢”两个字。“铢”是古代的一种重量计量单位，一两的二十四分之一为一铢，因此所谓的“五铢”的重量实际上是相当轻的。

陈希亮助孤怜贫

陈希亮（1014—1077年），字公弼，北宋时期眉州青神（今属四川）人，原籍京兆（今陕西西安）。他从进士及第开始，为官30余年，先后任过知县、知州、知府、转运史等地方官，也曾到首都开封府及朝廷任职。不论是在地方还是京城为官，陈希亮都嫉恶如仇，不考虑个人的祸福进退，为平民百姓称颂，使王公贵人害怕。后因疲劳过度而逝世，享年64岁。

陈希亮从政30多年，始终忠于职守、正直挚诚，被老百姓交口称赞。在他每次届满离任的时候，老百姓都是洒泪相送。

陈希亮不仅从政受到老百姓的称赞，在处理家事上也展示了他高尚的品德。

陈希亮从小就失去了父母，在哥哥家长大。哥哥性情褊急，存心侵吞全部家产。陈希亮16岁时，决定外出寻师，专攻学问。哥哥霸占了田园房产，只将乡邻们的借款账单共30万钱给了他。陈希亮把那些欠债的人都找来，当面将账单全部烧掉，然后背起书箧行囊，不远千里去寻师访友。后来参加科举考试，陈希亮金榜题名，进士及第。

这时候，哥哥年事已高，身体很差，两个侄儿陈庸、陈谕尚未成人。陈希亮不计前嫌，服侍兄长，教养侄儿。后来，两个侄儿也高中进士。乡亲们感激他的为人，亲切地称他们为“三俊”。

陈希亮在外出游学时，曾与同乡人宋辅一起去寻师访友。后来，当他在都城开封担任京东、京西转运使时，宋辅也到京城做了小官。可是，事隔不久，宋辅染病身亡，老母、孀妇和幼子宋端平失去了依靠，一家人生活很是艰辛。

陈希亮把宋母他们接到自己家中，对宋母十分孝敬，一早一晚都行问安礼，还将自己的女儿许配给宋端平，要他努力读书。就这样，宋辅一家老小在陈希亮的关照下，生活有了依靠。

然而，由于陈希亮俸禄不多，清廉自守，他本人又有四个儿子，再加上两个侄儿，本来生活已十分拮据，如今又添了宋母全家，负担更加重了。但是，他宁愿缩减自己儿女们的衣食，节约家庭不必要的开支，也要把两个侄儿和宋辅的儿子抚养成人。他一边亲自教孩子们读书，一边积极支持孩子们外出寻师访友。后来，这几个孩子先后考中了进士，走上了仕途。当陈希亮搀扶着宋母出堂接受捷报时，人们都以为宋母是他的生身母亲呢!

由于陈希亮以身作则，教育有方，儿子们个个都有出息，长子官至度支郎中，次子为滑州推官，三子是大理寺丞，四子虽然从未出仕，但他轻财好义，乐于助人，还是当时一代文豪苏东坡的挚友。

陈希亮64岁去世。听到他辞世的噩耗时，亲戚朋友都潸然泪下。

心灵物语

陈希亮为官清正廉洁，怜孤恤贫，无私助人，使得后世子孙个个有出息、有教养。这既充分体现了中华民族的传统美德，也为后人树立了可以学习与借鉴的楷模。

史海钩沉

陈希亮智架飞桥

北宋年间，四川省青神县人陈希亮在安徽宿州做官。当时，汴河改道流经宿州，每年都会洪水泛滥。有一年夏天，又逢天降暴雨，差役慌忙禀报说:“汴河上的桥梁又被冲垮了。”陈希亮当即冒雨来到河边，视察灾情。当地老百姓说，汴河的水势太猛了，再坚固的桥墩都要被冲垮，所以要在这里架桥简直比登天还难。现在桥又被冲垮了，过河只有靠渡船了。再加上水势太猛，渡船也很容易翻沉。陈希亮想，这条河上还是应该架一座桥，但怎么架才不被冲垮呢？他陷入了沉思。

陈希亮查看了汴河水情后，经过筹划，终于想出了一种新的造桥方案。这就是不在流水湍急的河水中建桥墩，而是修建一种木质结构的直接飞跨两岸的桥梁。这样一来，不仅来往的船只不受阻碍，不论夏天发多大的洪水，桥身也丝毫无损。

于是，陈希亮命令属下马上采购木料，准备施工。没多久，宿州城的汴河上就架起了一座崭新的木桥。桥上行人来往，桥下舟楫畅通。人们都赞扬陈希亮既是一位清官良吏，又是一位能工巧匠。朝廷闻讯后，也下诏嘉奖，并且还在其他地方推广了这种造桥的方法。

文苑荟萃

和范公希文怀庆朔堂

（宋）陈希亮

弱柳奇花递间栽，红芳绿翠对时开。

主人当日孤真赏，魂梦还应屡到来。

包公严格教子

包拯（999—1062年），字希仁，庐州合肥（今安徽合肥）人。父亲包仪，曾任朝散大夫，死后追赠刑部侍郎。包拯少年时便以孝而闻名，性直敦厚。在宋仁宗天圣五年，即1027年中了进士，当时28岁。包公先任天长（今属安徽）知县，后又升为端州（今广东肇庆）知州。两任期满后，他刚正清廉的英名已经传遍天下，因此调到了京城，任殿中丞，后来又历任监察御史、三司户部副使、天章阁待制（所以后人称他为“包待制”）、知谏院，还曾多次任地方官，如转运使。

在许多文艺作品及戏曲舞台上，包公历来是一张铁面无私的大黑脸。历史上包公也的确是这样一位有口皆碑的清官。但这里要讲的，是包公敬老爱幼鲜为人知的一面。

包公，名拯，字希仁，北宋庐州合肥（今属安徽）人，进士出身。他先是被朝廷授以典掌司法的大理寺的属官，后又出任建昌（今属四川）县令。

接到委任的圣旨，包公却犯了难。难道觉得县官职位低？还是因为基层为官条件艰苦，不如京官当得自在舒服？其实这些都不是。

包公犯愁的是自己年老的双亲。在戏曲中包公是哥哥和嫂子养大的，但实际不然。

古时有“父母在，不远游”的说法，是在告诫或提醒人们，父母上了年纪，儿女是应该在膝前尽孝的。倘若老人有个疾病而引起变故的话，儿女能在床前侍候，会稍感心安。赡养老人，照顾老人的生活起居，使老人安度晚年；老人得了疾病，儿女能在跟前端水送药，精心照顾，这才是尽孝。

当时，包公的双亲年老体衰。为了照顾双亲，包公上书朝廷，陈述了自己的理由。皇帝见了包公的折子龙颜大悦，对包公的孝心十分赞赏，对在朝的文武百官说道：“包爱卿，朕只知汝无私无情，如今看来，汝还是个孝子啊！”

有了皇帝这两句话，包拯的忧愁就解开了，不用去建昌当县官，只在自己的家门口做个税监得了。于是，朝廷改派包拯为和州（今安徽和县）税监。

几年以后，包公的双亲相继去世，他在坟前结庐守葬，极尽孝道，获得乡党州闾的盛誉。

包公为官几十年，曾为江宁知州和开封知府，又担任过枢密副使等职，俸禄一直不少。但是，他的生活仍然十分俭朴，吃的是粗茶淡饭，穿的是布衣芒鞋，家用器皿全是竹木陶瓷所制，和当官以前没有两样。他说：“臣闻廉者，民之表也，贪者，民之贼也。”做官只有清廉正直，身为表率，替百姓办事，才能受到百姓尊敬。

包拯不仅为官清廉，治家也很严格。他制定了严格的家规：“后世子孙仕宦有犯赃滥者，不得放归本家。亡殁之后，不得葬于大茔之中。不从吾志，非吾子孙。”包拯告诫子孙，做官不能贪赃枉法，违者永远不准回包家，也就是说要把这样的子孙开除族籍。即便是死后，也不能葬入包家的墓地。不从家训的人，就不承认他是包家的子孙。另外，包拯还将家训刻于碑上，竖立在厅堂西壁，以昭示后人。在包拯的严格管教下，他的子孙都能恪守家规。

包拯的妻子董氏生一子，名包镱，包镱娶妻崔氏。包镱早亡。包拯的另一名夫人孙氏生一男孩，取名包绶，孙夫人同长媳崔氏一起将他抚养成人。由于长媳崔氏使包拯家后嗣有人，又能很好地持家教子，因此受到宋哲宗的嘉奖。据说宋哲宗对包拯长媳崔氏的嘉奖辞是出自大文学家苏轼之手。

长子包镱，官至太常寺太祝。不幸的是，只有20多岁就病故了。虽然包镱当官时间不长，但在父亲包拯的教导下，政绩显著，为官清廉正直，得到人们的好评。次子包绶，历任太寺太祝、国子监丞、濠州（今安徽凤阳）团练判官，48岁擢升潭州通判，赴任途中病故。

据史书记载，包绶为官如其父，清苦守节。箱囊之内，除朝廷诰敕、书籍及著述外，别无他物，真是为官一场，两袖清风，一身清白。

包拯的孙子包永年为官时，有其先辈之风，清正廉洁。他曾任开封咸阳县的主簿及崇阳县县令。为官一生的包永年死时，几乎身无分文，连办丧事的钱都没有，他的丧事还是两个弟弟出资办的。人们不禁慨叹：“包公之后，信乎有是贤孙也。”

心灵物语

包拯的子孙个个都能严守家训。包氏家族的这种清廉遗风，至今也值得人们继承和发扬。包拯用自己的言行举止影响了后世子孙保持清廉的风气，直到现在都是万人敬仰的榜样。

史海钩沉

包拯倒坐开封府

1052年，包拯因为弹劾外戚张尧佐而触犯了宋仁宗，被贬为河北督转运使，加龙图阁直学士的虚衔。宋代的官制与其他的朝代有所不同，有“官”“职”“差遣”之分，历史上称其为“差遣制”。其中，官名只表示官位和俸禄的高低，叫作正官、寄禄官，简称为官；其他一些文官及学士、直阁等头衔，只是一种荣誉称号，叫作“贴职”，简称为“职”。而担任的实际职务叫作“差遣”或“职事”,有实际权力。如果前边再加上“判”“知”等限制词，那表示官职只是暂时的，随时可以撤换，这也是宋朝为加强中央集权而设立的制度。所以，宋朝的官员一直都很多，这也产生了很大的弊端。

包拯的转运使职务在地方上也是比较高的，可见宋仁宗并没有极力打击包拯，只是让他离开京城。由于这次还加了个龙图阁直学士的虚衔，所以后来的人们就称包拯为“包龙图”。

离京四年后，包拯又被调回京城，任开封府的知府。这是个很重要的职位，相当于现在首都北京的市长。在这个位置上，包拯为表示对皇帝向南而坐的尊重，在升堂办公时就向北而坐。所以，后来的戏词中便有了一句“包龙图倒坐南衙开封府”。后来，包拯又任右谏议大夫、三司使等，而最高的官职是枢密副使，是主管军事事务的副职，相当于副宰相。

文苑荟萃

书端州郡斋壁

（宋）包　拯

清心为治本，直道是身谋。
秀干终成栋，精钢不作钩。
仓充鼠雀喜，草尽兔狐愁。
史册有遗训，毋贻来者羞。

章懋言善于传身教

章懋（1437—1522年），字德懋，兰溪渡渎村人。自幼读书强于记忆，15岁补博士弟子。明天顺六年（1462年）以第一名中举（解元）。成化二年（1466年）会试第一（会元）成进士，选为庶吉士。次年冬，授翰林编修。逾月，宪宗将于元宵大张灯彩烟火，命词臣撰诗进奉。章懋与同官黄仲昭、检讨庄昶上疏谏道："今川东未靖，辽左多虞，江西、湖广赤地千里，百姓嗷嗷，张口待哺……伏乞将烟火停止，移此视听从明目达聪，省此资财以赈饥恤困，则灾祲可消，太平可致。"宪宗大怒，杖之阙下。时人以章懋等三人与先以言事被黜的修撰罗伦，合称"翰林四谏"。

明朝成化、弘治年间，浙江兰溪有一位闻名遐迩的学者章懋，字德懋，人们都称他为"枫山先生"。

说起这位"枫山先生"的才学，没有人不佩服，但更令人钦佩的是他的高洁风骨。向他求学的弟子越来越多，在他的言传身教下，学生们受益匪浅。

章懋身居乡里，在侍奉双亲之余，主要是读书和讲学。他生活清贫，家徒四壁，吃的是粗茶淡饭。他的三个儿子，除了跟他读书之外，都从事农业生产。不知底细的人，还以为他不过是个乡下的贫寒儒生罢了，怎么也不会想到，他竟是个致仕还乡的高官。

早年，章懋就以会试第一名的优异成绩考中进士，第二年被授官为翰林编修。后来他担任福建佥事，政绩显著。任期届满，本应入京升官，他却力求致仕，年仅41岁便回到家乡，以教书为业，一住就是20余年。在这期间，他有不少再度出山做官的机会，却“以亲老坚不赴”。直到弘治十六年，才因实在推辞不掉，出任了南京国子监祭酒。

章懋虽然出任了高官，却不改旧志，恪守先儒遗训，以身作则，为人师表，也严格管束自己的子女。

章懋担任国子监祭酒之后，他的三个儿子仍旧在家乡务农。他们在父亲的教导下，忠实地按照父亲的教诲做人。

有一天，弟兄三人正在田间干活，县官从田边经过，三个儿子放下锄头，跪于道旁相迎。除了县官之外，没有人能知道，这三个人就是当朝祭酒大人的公子。

还有一次，章懋的儿子们前往南京国子监探望父亲，从家乡启程，徒步而去，途中被巡检司巡检误作盲流，不由分说鞭笞了一顿。后来得知这几个农家子弟竟是祭酒大人的儿子，不禁吓坏了，连忙去向章懋请罪。章懋却安慰了巡检几句，让他回去了。章懋的这种做法，对孩子们影响甚大。

章懋晚年以南京礼部尚书致仕，于当年冬天病逝，终年86岁。他从30余岁考中进士，50余年间大多数时间都是在乡下度过的，只有三届任满。病榻上的章懋，仍旧对前来探望他的晚生后辈给予教导。

章懋的身教，不仅深深影响了自己的了女，也对他的学生产生了深刻的影响。

多年以后，章懋的弟子吏部尚书唐龙致仕家居时，出入只是徒步而行，有人劝他说：“老先生曾身居高官，并且年纪已经很大了，可以说您是天下人尊敬的人。孔子说：我从当上大夫之后，就不可徒步行走了。您这样做，难道是想要超过孔子不成？”

章懋的学生唐龙回答说：“当然，我的老师枫山先生归政还乡之后，只是步行，从来也不曾坐轿。枫山先生的侄子以及一些曾经做过大官的人，也都按照老师留下的规矩做，我怎么敢违背呢？”

心灵物语

枫山先生用自己的言谈举止，影响了他的弟子们如何处世，如何为人。“枫山先生”身教的作用，对他的弟子和孩子产生了很大的影响。

史海钩沉

百姓为天

明朝成化年间，章懋以朝廷重臣的身份奉旨巡察江、浙、赣三省，行船途中遇上险滩，章懋不忍心看着船老大顶着浪尖艰难地拉纤绳，便脱去长衣和随从一起下船顶着烈日拉纤绳。一个朝廷命官对普通的百姓有如此的怜爱之心，实在难能可贵，因为在章懋心里永远有一杆“百姓为天”的秤。

有一次，章懋回兰溪老家，兰溪知县慌忙拜访，章懋和知县寒暄过后，就来到厨房和知县的轿夫喝酒聊天。当知县责怪轿夫作为下等人不可与大人平起平坐时，章懋为了试探知县故意说：“你可知这几个轿夫全是我亲戚。”知县慌了，忙说：“是大人的亲戚，快上座，快上座，日后赶快给他换个差事吧。”章懋愤怒地说：“是我亲戚就要上座换差事，你心中可有没有百姓二字？”说毕便把轿夫请入客厅，深情地说：“人啊，不可分上下高低贵贱，别看达官贵人如何显赫，寻其祖根都是百姓。官民本是一家人，百姓为上，百姓为天啊！”轿夫感动得含泪坐了上座。

文苑荟萃

禁中闻莺

（明）章 懋

禁苑花深昼漏迟，莺声遥在万年枝。
不随舞袖歌《金缕》，却伴仙《韶》奏玉墀。
长信梦回欹枕处，琐闱吟罢倚阑时。
东风空费如簧舌，不道明廷有凤仪。

曾国藩俭治家严教子

曾国藩（1811—1872年），中国历史上最有影响的人物之一，从湖南双峰一个偏僻的小山村以一介书生入京赴考，中进士留京师后，十年七迁，连升十级，37岁任礼部侍郎，官至二品。被封为一等勇毅侯，成为清代以文人而封武侯的第一人，后历任两江总督、直隶总督，官居一品，死后被谥“文正”。曾国藩是一位重要人物，在政治、军事、文化、经济等各个方面产生了令人瞩目的影响。这种影响不仅仅作用于当时，而且一直延至今日，从而使之成为近代中国最显赫和最有争议的历史人物。

曾国藩在政治方面的功过是非历史是有公论的，这里不谈。而作为一个封建官僚，曾国藩能够做到一生勤俭与廉洁，我们应该给予充分肯定。

曾国藩出身农家，生活上一直不忘勤俭。即便后来他当了大官，也不奢侈。他曾深有感触地说：“无论大家小家，士农工商，勤苦俭约，未有不兴；骄奢倦怠，未有不败。”

曾国藩懂得，“凡仕宦之家，由俭入奢易，由奢返俭难”。因此，他做官几十年，“不敢稍染官宦气习，饮食起居，尚守寒素家风”。

曾国藩对自身衣食住行坚持“极俭也可，略丰也可，太丰则吾不敢也”。他不讲究穿戴，吃的也很简单。一些同僚的一件衣服就价值千金，而他“所有衣服不值三百金”。有时衣服不够穿，他就让家人把存放在家中多年不穿的旧衣服送到军营。曾国藩爱喝茶，却很节省，他经常请人带钱回家，让家人替他在家乡买些既便宜又好喝的茶叶捎到军营。

曾国藩不仅自己勤俭，而且要求他的家人也这样做。

他率军驻扎在安庆的时候，要他的夫人每日纺棉纱“以四两为率，二鼓后即止”。他的夫人很自觉，经常纺纱至深夜。

为了保持勤俭的家风，曾国藩对子女的要求十分严格。

他曾多次强调：“吾家子侄，人人须以勤俭二字自勉。”并反复为子女们讲述其中的道理：“一家能勤能敬，虽乱世亦有兴旺气象；一身能勤能敬，虽愚人亦多有贤智风味。”“勤俭自持，习劳习苦，可以处乐，可以处约，此君子也。”他常以祖辈勤俭治家的事迹勉励子女保持俭朴之风，并说：“今家中境地虽渐宽裕”，但“切不可忘却先世之艰难。有福不可享尽，有势不可使尽。勤字功夫，第一贵早起，第二贵有恒。俭字功夫，第一莫着华丽衣服，第二莫多用仆婢雇工”。“居家之道，唯崇俭可以长久，处乱世尤以戒奢侈为要义”。

曾国藩教诲子女的这些话，可谓金玉良言。

曾国藩不光是教导子女，还注重从点滴中培养子女养成良好的生活习惯。

儿子入学读书，他不许多带银两；逢年过节，他不许奢华铺张；儿女们完婚，他规定每人购妆奁之银不得超过200两，且不得多请宾客。由于长年统兵在外，儿女们不在身边，曾国藩经常写信给他的弟弟，请他帮助管好子女。

一次，他在给弟弟曾国荃的信中说：“闻林文忠（指林则徐）三子分家，各得钱六千串，督抚二十年家产如此，真不可及，吾辈当以为法。”可见曾国藩很注意向勤俭治家的同僚学习借鉴。

当曾国藩听说儿子曾纪泽订婚后，立即写信回家，告诉家人诸事都要注意节省，新妇入门之日不得请客过多。并且再三强调，“新妇始至吾家，教以勤俭，纺绩以事缝纫，下厨以议酒食”。

儿媳入门以后，曾国藩又提醒儿子，虽然衣食丰适，宽然无虑，但也不能忘记勤俭，“新妇初来，宜教之入厨作羹，勤于纺绩，不宜因其为富贵子女不事操作”。

当曾纪泽主家之后，曾国藩又告诫他：“银钱、田产最易长骄气、逸气，我家中断不可积钱，断不可买田。尔兄弟努力读书，决不怕没饭吃。”

在曾纪泽主持其妹出嫁时，曾国藩又对他讲，“余向定妆奁之资二百金”“衣服不宜多制，尤不宜大镶大缘，过于绚烂”。

心灵物语

在子女们的成长过程中，曾国藩一直没有放松对他们进行勤俭治家的教育，并为后人留下了一些做人治家的警世名言。曾国藩以一个长者的心态去告诫后代子孙的态度，值得我们深思和敬仰。

史海钩沉

仕途亨通的曾国藩

曾国藩6岁时，便进入私塾读书，8岁时便能读八股文诵五经，14岁时就能读周礼、史记文选了，并参加了长沙的童子试，成绩被列为优等，可见他自幼天资聪明，勤奋好学。

1832年，曾国藩考取了秀才，并与欧阳沧溟之女成婚，踏上了人生的一大台阶。28岁时，曾国藩便考中了进士。从此之后，他便一步步踏上了仕途，成为军机大臣穆彰阿的得意门生。在京的十多年中，曾国藩先后任翰林院庶吉士，累迁侍读，侍讲学士，文渊阁直阁事，内阁学士，稽查中书科事务，礼部侍郎及兵部、工部、刑部、吏部侍郎等职。曾国藩就是沿着这仕途之道，步步升迁到二品官位。

曾国藩的仕途畅通与他好学有很大的关系，尤其在京参加朝考进入庶常馆学习后，更是“日以读书为业”。而且他勤于求教，不耻下问，博览历史，重视理学，还读了大量的诗词古文，才华横溢，满腹经纶。由于他博览群书，涉猎文献，因此在政治上也经常有自己的独特观点，赢得了皇帝的重视。

曾国藩一生推崇程朱理学，认为程朱理学正统于孔孟之道，后君臣应以习之。他还曾提出治理天下的办法，涉及吏治与廉洁、选材与用材、物质与财用、兵力与兵法等。他认为，要让官吏都振作起来，就需要皇上以身作则。这样从理论乃至实践上极力标榜封建伦理道德的行为，主要是为了维护地主阶级的根本利益。

曾国藩虽然不具备武将的先决条件，但他得到了皇上与同僚们的青睐。为此，他又懂得感皇恩、谢皇意，甘心为保主子尽心尽力，表现在为建湘军呕心沥血，不辞操劳精心训练出了一支战斗力胜过绿营兵的正规军，为镇压太平天国运动立下了赫赫战功，为清王朝西拼东杀，征战毕生，直至猝死在两江总督的宝座卜。因此，曾国藩的一生功过是非，还是由后人评说吧。

文苑荟萃

废邱关

（清）曾国藩

项王西入关，叱咤何雄哉！
鼻息撼山岳，号令如轰雷。
分茅割大地，驾驭英雄才。
六王既立后，三将还西来。
降臣剖符竹，洪度方洞开。
废邱亦善地，百里辟蒿莱。
桓桓章将军，仡仡貔虎材。
奸竖主帷幄，大将终疑猜。
望夷不足惜，此类良可哀。
行人一长叹，万壑悲风回。

第三篇

借事教人更有力

晏子以鞋述理

齐景公（？一前490年），春秋后期的齐国君主，他的大臣中有相国晏婴、司马穰苴以及梁丘据等人。齐景公既有治国的壮怀激烈，又贪图享乐。作为君主，他不愿放弃其中的任何一个。与此相应，他的身边必有不同的两批大臣，一批是治国之臣，一批是乐身之臣。齐景公也和历史上许多君主一样，运用如此的治国用人之道。

春秋时期，齐景公从鲁国请来了一位鞋匠，专门为自己制作了一双鞋子。这双特制的鞋子十分漂亮，鞋带是用黄金做的，鞋子用白银镶边，再镶嵌上珠宝，用美玉装饰鞋头，鞋的长度足足有一尺。

齐景公认为，只有这双特制的鞋子才能与自己这个大国君主的身份相匹配。所以，在一个寒冷的早晨，他就穿着这双特制的鞋上朝处理政事。

这时，宰相晏婴上朝来了，齐景公一直都很尊重这位三朝元老，于是就想起身去迎接他。可是由于穿在脚上的这双特制的鞋太重，他迈不开步，只能抬抬脚。

晏子上朝后，齐景公就问候晏子说："相国，外边的天气很冷吧？"

晏子看到齐景公脚上穿的鞋子令他迈不开步，就借机劝谏说："君侯怎么问起天气冷不冷呢？古代圣人制作衣服，要求冬天的衣服做得又轻又暖，要求夏天的衣服又薄又凉。现在，君侯脚上的鞋子却用金银珠玉做成，冬天穿起来肯定是冷上加冷；而且鞋子也重得超过了脚的承受能力，这简直就是违背生活的常理呀。这双鞋是谁为君侯制作的呢？"

齐景公说："是从鲁国请来的鞋匠制作的。"

晏子说："臣以为，鲁国的这个鞋匠有三大罪状，请允许臣讲出来。"

齐景公说道："他给寡人制鞋，费了很大的力气才做得这么漂亮，而得到的奖赏还不够这双鞋子的百分之一，寡人还嫌赏他的不够呢，相父怎么能说他有罪呢？"

晏子说："鲁国的鞋匠不懂得季节的冷暖变化，不知道人的脚所能承受的重量，违反生活的常理，这是他的一大罪状；做鞋不按照常规操作，结果做出这双不伦不类的鞋子，使君侯您受到天下各国的嘲笑，这是他的第二大罪状；耗费钱财，对国家没有功效，还招来老百姓的怨恨，这是他的第三大罪状。臣请求主上立即下令，把他逮捕，交给司法官员按罪论处！"

齐景公觉得，鲁国的鞋匠为自己制作这双鞋很不容易，所以坚决要求放过他。

而晏子也坚持自己的态度，不肯放过鲁国的鞋匠。

于是齐景公就说："寡人真的不明白他究竟错在哪里？这双鞋是寡人让他做的，你要处罚就处罚寡人吧，但请相父饶了那个无辜的鞋匠。"

晏子坚持说："不可以。我听说，为做善事而使自身受苦的人，他应该受重赏；为做坏事而使自身受苦的人，他的罪恶更重。"

齐景公无话可说了。

晏子退了出去，直接向负责司法的府衙走去，到了那里就命令官员立刻将鲁国的鞋匠逮捕，派人把他押解出境，永远不准他进入齐国境内。

心灵物语

晏子以一双鞋为例，劝谏齐景公要按常规办事。他不畏强权，力辩真理，最后使鞋匠得到惩罚，使齐景公受到教育，精神可嘉。

史海钩沉

第一次弭兵会盟

位于晋楚两国之间的宋国大夫华元，既与晋国执政卿栾武子关系不错，又与楚国的令尹子重交好。公元前579年，华元听说晋楚两国互派使臣，便在该年的冬天“如楚，遂如晋，合晋、楚之成”。华元奔走于晋国和楚国之间，调解两国的关系，终于促成了晋楚之和。

鲁成公十二年（公元前579年），在华元的调节下，晋国卿士燮与楚公子罢、许偃在宋国的西门之外会盟。盟曰：“凡晋、楚无相加戎，好恶同之，同恤菑危，备救凶患。若有害楚，则晋伐之；在晋，楚亦如之。交贽往来，道路无壅；谋其不协，而讨不庭。有渝此盟，明神殛之，俾队其师，无克胙国。”这就是第一次弭兵会盟。

然而，晋国和楚国的第一次弭兵之盟却非常不稳定。晋楚两国在长达半个世纪中所积累的仇隙，并不是一朝一夕或一个盟约就能够化解的。晋楚双方在形势对自己不利时，都希望通过暂时的休战来让本国得以调整；而当形势好转时，双方都会撕毁盟约，发起新的进攻。所以，会盟不久就爆发了鄢陵之战，结果楚国失败。

鄢陵之战后，战败国楚国处于一种非常困难的境地，然而胜利国的晋国也并非一劳永逸，同样陷入危机之中。晋厉公想要乘胜消灭晋国的大族，而立其左右近臣，杀掉郤氏之族。但晋厉公杀掉郤氏后，反而被栾书、中行偃所杀，晋国发生了内乱。于是，秦国乘晋内乱之机，便频频出击晋国。晋国内部有大族与国君的斗争，外部强敌压境，陷入了一种内忧外患的境地。

文苑荟萃

杂兴三首（之一）

（唐）白居易

楚王多内宠，倾国选嫔妃。
又爱从禽乐，驰骋每相随。
锦韝臂花隼，罗袂控金羁。
遂习宫中女，皆如马上儿。
色禽合为荒，刑政两已衰。
云梦春仍猎，章华夜不归。
东风二月天，春雁正离离。
美人挟银镝，一发叠双飞。
飞鸿惊断行，敛翅避蛾眉。
君王顾之笑，弓箭生光辉。
回眸语君曰，昔闻庄王时。
有一愚夫人，其名曰樊姬。
不有此游乐，三载断鲜肥。

墨子“行不在服”

墨子（公元前476或480—公元前390或420年），名翟，战国时期著名思想家、政治家、军事家、社会活动家和自然科学家。他提出“兼爱”“非攻”等观点，创立墨家学说，并有《墨子》一书传世。墨学在当时影响很大，与儒家并称“显学”。

墨子是战国时期一位伟大的政治家和道德家。

有一天，墨子的弟子报告墨子说：“先生，外面有一个穿着儒生服装的人要见先生。”

墨子说：“请他进来吧！”

过了一会儿，那个人跟随墨子的弟子进来了。他复姓公孟，信奉儒家学说，是孔子弟子的弟子，人们都尊称他为“公孟子”。

只见公孟子头戴着青布冠，身穿一身儒生的服装，腰带上还插着笏板（古代朝会时所用的手板，有事记在上面，防备遗忘）。

公孟子见到墨子后，便洋洋自得地问墨子说：“请问先生，作为君子是穿上某种服装之后才有所作为呢？还是有所作为之后才穿上某种服装呢？”

墨子回答说：“人有作为没有作为，不在于他穿什么样的服装，关键在于他的行为如何。”

公孟子进一步追问：“凭什么得出这样的结论呢？”

墨子解释说：“从前，齐桓公头上戴着高冠，腰间系着宽大的腰带，身佩金剑，手持木盾，他治理齐国，把齐国治理得很好。晋文公身穿粗布衣服，外穿老羊皮袄，用熟牛皮系着长剑，他治理晋国，把晋国治理得很好；楚庄王头上戴的法冠还系着丝带，身上穿着的衣袍十分肥大，他治理楚国，也把楚国治理得很好；越王勾践剪短头发，身刺花纹，他治理越国，也把越国治理得很好。这四位君王，他们的穿着不同，但是都很有作为，建立的功业同样显赫。我凭这些懂得有作为的人不在乎他们穿什么样的服装。”

公孟子说：“讲得好！我听说，‘赞赏好的主张而不尽快实行，是不吉祥的。’我愿意脱去儒生的服装，更换掉儒生的青布冠，再来拜见先生，可以吗？”

墨子说：“不必了，请你就穿这身衣服与我相见吧。如果一定要丢弃笏板，更换青布冠，然后再与我相见，那么不就等于说一个人有没有作为取决于他的穿着打扮了吗？”

一句话把公孟子也说笑了。

心灵物语

墨子的话让我们深深知道，一个人的行为和穿着打扮没有必然联系，要有所作为，就不必刻意追求穿着打扮。说教，随时随地都可以发生，只是让人接受的程度不同罢了。

史海钩沉

战国时期的百家争鸣

西汉司马迁在《史记》中引述了司马谈（司马迁之父）对学术流派的见解，司马谈把先秦以来的学派归纳为六家，即：阴阳家、儒家、墨家、法家、名家、道家。

东汉班固在《汉书》中，又把先秦以来的学派归纳为十家，即：儒家、道家、阴阳家、法家、名家、墨家、纵横家、杂家、农家、小说家。

阴阳家，是战国时期的主要学派之一，以提倡阴阳五行学说为宗旨，又称“阴阳五行家”或“五行家”。主要代表人物是战国末期齐国的邹衍。

纵横家，是战国时期以从事政治外交活动为主的一派。他们朝秦暮楚，事无定主，反复无常，设计划谋多从主观的政治要求出发。合纵派的主要代表是苏秦，连横派的主要代表是张仪。

名家，通俗地说是辩论家，主要以诠释“实”与“名”来阐述观点。主要人物有公孙龙、宋钘、尹文、邓析、惠施等人，其提出的命题包括白马非马、离坚白、合同异等。

杂家，是先秦时代学术思想中的九流十家之一。杂家之所以为杂家，是因为杂家不具有原创思想，而以取各家所长、避各家所短见长。以吕不韦召集门客和各派学者合著的《吕氏春秋》为代表作。

农家，诸子百家之一，代表人物为许行。

兵家，是春秋战国时期诸子百家中的一家，主要研究战争哲学思想，学说重在“用兵”，即战略、战术问题。主要代表人物是孙子、孙膑、吴起等。

小说家，是春秋战国时期中诸子百家中的一家，所做之事是以记录民间街谈巷语，并呈报上级等为主。

医家，是诸子百家之一，代表人为扁鹊，有时也被归入方技家之列，主要研究养生和医药。

方技家，以医学为理论基础，但研究范围宽于医学，包括后世的医家与方士。方技家甚至还有治身论及治国。

文苑荟萃

《墨子间诂》

《墨子间诂》，凡十四卷，是清末小学大师孙诒让（1848—1908年）所著，是一部集清代《墨子》校勘大成的作品。

在中国，《墨子》一书长期备受冷落，但书中保留着大量的科学知识，如力学、几何、光学等，到了清朝中叶才开始有学者对其进行考据。孙诒让所写的《墨子间诂》将《墨子》一书的校注推向了高峰，吸收了王念孙、王引之、洪颐煊、戴望、俞樾、黄仲弢、杨葆彝等人的研究成果。黄绍箕称《墨子间诂》："先生此书，援声类以订误读，采文例以移错简，推篆籀隶楷之迁变，以刊正讹文，发故书雅记之晻昧，以疏证轶事。"

梁启超在《中国近三百年学术史》中，也高度评价孙诒让所著《墨子简诂》的成果：孙诒让"覃思十年"，"集诸家说，断以己所兴，得成《墨子间诂》十四卷，复辑《墨子篇目考》《墨子佚文》《墨子旧叙》，合为附录一卷；复撰《墨子传略》《墨子年表》《墨子传授考》《墨子绪闻》《墨学通论》《墨家诸子钩沉》，各一篇，合为《墨子后语》二卷。俞荫甫序之，谓其'自有《墨子》以来，未有此书。诚哉然也……盖自此书出，然后《墨子》人人可读。现代墨学复活，全由此书导之'。"

赵简子献鸠放生

赵鞅（？—前476年），嬴姓，赵氏，原名鞅，后名志父，谥号简。时人尊称其为赵孟，史书中多称之为赵简子，亦称赵简主，其全称名讳当为赵鞅、赵志父（先秦时期男子称氏不称姓，故没有嬴鞅一说）。春秋后期晋国卿大夫，六卿之一，赵氏大宗宗主。赵武之孙，赵成嫡长子，出生于世卿大族，至晋定公时执政晋国17年之久。杰出的政治家、军事家、外交家、改革家。战国时代赵国基业的开创者，郡县制社会改革的积极推动者，先秦法家思想的实践者，与其子赵毋恤（即赵襄子）并称“简襄之烈”。

春秋时期，晋国在邯郸建都。当时，晋国有个气焰嚣张的大臣名叫赵简子，他喜欢在过年的时候让老百姓替他捉斑鸠鸟送到他府中，让他放生，以显示自己的慈善之心。

每年大年初一这天，邯郸地方的老百姓都能够破例地纷纷进入赵简子的府第，因为他们都是来向赵简子进献斑鸠的，好让赵简子放生。这一天赵简子会非常高兴，他会给每个献鸠的人发放很优厚的赏赐。初一这天，从早到晚到赵简子府上进献斑鸠的人络绎不绝。

有一次，赵简子的门客看到了，就问赵简子为什么要这样做，赵简子回答说：“大年初一放生，表示我对生灵的爱护，有仁慈之心嘛！”

门客接着说："您对生灵有如此的仁慈之心，这是难得的。不知大人您想过没有：如果全国的老百姓都知道大人您要拿斑鸠去放生，从而对斑鸠争先恐后地你追我捕，其结果被打死打伤的斑鸠一定是很多很多的啊！您如果真的要放生，想救斑鸠一命，不如下道命令，禁止捕捉。像现在您奖励老百姓捕捉这么多的斑鸠送给您，您再放生，那么大人您对斑鸠的仁慈确实还不能抵偿您对它们人为造成的灾祸哩！"

赵简子听了门客的一席话，背着双手在府门里踱来踱去，仔细地思考了一阵子，默默地点了点头说："有道理。"

心灵物语

赵简子认为捕捉斑鸠放生是在做一件大善事，实际上却带给斑鸠更大的伤害。这说明那些想问题、办事情只图虚名、不顾后果的人，到头来只能是被人讽刺和挖苦。只有把事情的所有影响因素都考虑周到，才能让事情更加完美。

史海钩沉

黄父会盟

公元前520年，东周英主周景王崩卒，其嫡次子王子猛与庶子王子朝相互争位，最终王子猛即位，是为周悼王。结果当年周悼王被杀，周室又立其弟王子匄为周王，是为周敬王。

然而，工了朝不甘失败，继续向周室发起进攻。经过一年的激战，周敬王渐不能敌，急忙向诸侯求援。这时，晋国执政者韩起洞悉到周朝王室内混乱不堪，决定再次扛起"尊王"大旗，插手宗周事宜。

韩起坐镇晋国，派遣荀跞主持勤王。荀跞奔波几年，依然动乱。韩起便向晋顷公提议，应该加大处事的力度，于是另外派出在家服丧期已满的赵鞅协助荀跞，晋顷公答应了。

公元前517年夏，在韩起的保举下，赵鞅第一次出国，在士弥牟的陪同下，与宋乐大心、鲁叔孙昭子、卫北宫喜、郑子大叔，以及曹、邾、滕、薛、小邾共十国的代表在晋国的黄父（在今山西省沁水县）召开了平定周室混乱的紧急会议。赵鞅照会各国代表，要求与会各国立即提供粮草支援周敬王；同时还约定，明年出兵护送周敬王回王城。

赵鞅在主盟会议期间，做事干练，手腕强硬，而且敢作敢当，已初显政治家的风范。赵鞅在与诸侯代表分析后认为，诸侯既然已裁定王子朝为叛军，那么晋国作为霸主就应为周王室出兵，剿灭。赵鞅力主由诸侯出兵，替周王室剿灭叛军，一劳永逸，省得夜长梦多。

事实证明，赵鞅主持的黄父会盟相当成功，使平乱取得了实质性的进展。在黄父会盟的次年，即公元前516年，王子朝之党基本被肃清出王畿之地。

文苑荟萃

将之京国赠薛员外

（唐）李群玉

黄叶下空馆，寂寥寒雨愁。
平居岁华晏，络纬啼林幽。
节物凋壮志，咄嗟不能休。
空怀赵鞅叹，变化良无由。

所思杳何知，侧身仰皇州。
苍烟晦楚野，寒浪埋昭丘。
赵壹赋命薄，陈思多世忧。
翻然羡鱼鸟，畅矣山川游。
薛公龙泉姿，其气在斗牛。
南冠束秀发，白石劳悲讴。
圭衮照崇阅，文儒嗣箕裘。
旷然方寸地，霁海浮云舟。
澧浦一遗佩，郢南再悲秋。
叫阍路既阻，浩荡怀灵修。
莫奏武溪笛，且登仲宣楼。
亨通与否闭，物理相沉浮。
天子坐宣室，夔龙奉谟猷。
行当赐环去，岂作遗贤羞。

艾子借事教弟子

楚文王熊赀（？—前675年），楚武王（熊通）之子，芈姓。公元前690年，武王于伐随途中卒，次年，熊赀继位为楚国国君，为楚文王。熊赀早年受过严格的教育，他的师傅是从申国请来的，史称“保申”。因武王在位长达51年，文王继位时已人到中年了，其性格是锋芒毕露的。

战国时期，著名的阴阳家艾子带着自己的弟子在楚国游历半年后，回到了齐国的都城临淄。

当他们刚刚踏入城门时，就碰到了一个熟人迎面走来。

这个人名叫毛空。他平时消息灵通，什么街谈巷议、市井新闻他都知道，但他有个爱说空话的毛病，经常无中生有或无限夸大，因此人们给他起了个外号叫“老空”。

艾子见到毛空，就问他：“老空，最近有什么新闻吗？”

毛空觉得遇到了知音，便眉飞色舞地说：“有，有！你走了这么长时间，可发生了不少新鲜事，听了会吓你一跳。”

艾子说：“到底有什么新鲜事？”

毛空说：“有一家的一只鸭子，一次生了100个鸡蛋！”

艾子不相信，就说："哪会有这种事呢？"

毛空说："那有可能是两只鸭子生的。"

艾子还是不相信，说："也不可能，鸭子就是鸭子，怎么可能会生出鸡蛋呢？"

毛空见艾子不相信，又说："是我记错了，是鸭蛋。"

艾子说："那也不对呀！就算是两只鸭子，它怎么可能生出那么多的蛋呢？"

毛空见艾子不相信，就一次一次增加鸭子的数目，一直增加到10只鸭子。

艾子笑道："为了让人相信，你把鸭蛋的数目减少一些不就行了吗？"

毛空说："我宁可增加鸭子，也不能减少我已经说出口的鸭蛋数目啊！"

艾子无可奈何地笑了笑。

毛空见艾子不信这件事，又说："还有一件新鲜事呢。"

艾子问："还有什么事？"

毛空说："就在上个月，天上掉下来一块肉，足有30丈长，10丈宽。"

艾子摇摇头说："哪会有这样的事呢？"

毛空说："那么就是20丈长。"

艾子还是不相信，说："那也不可能。"

毛空又改口说："大概是10丈长吧。"

艾子问道："世界上哪有10丈长、10丈宽的一大块肉啊？你见过吗？那块肉掉在了什么地方？那只鸭子是谁家的？"

毛空红着脸回答不出来，只好支支吾吾地说："我是在路上听人说的。"

艾子对弟子们说："你们可不要像他这样道听途说啊！"

心灵物语

艾子用实际例子教育弟子，无根据的传闻是不可靠的，既不要听也不要信，更不要传。大凡人世间喜欢道听途说的人，都是些没有主见，只会随波逐流的人。懂得听取教诲，才能让自己更加充满信心。

史海钩沉

郑居天下之中

楚文王十一年(公元前679年)，齐、宋、陈、卫、郑五国的国君在鄄邑(今山东省鄄城县)会盟。最终，齐国成为五国中的霸主。楚文王为了逐鹿中原，向正在成为霸主的齐国示威，于五国会盟的次年举兵伐郑，史称“郑居天下之中”。

文苑荟萃

楚国的歌舞

楚国是南方各民族融合的中心，所以楚国的音乐也表现出一定的民族性和融合性。《文选·宋玉对楚王问》中记载：“客有歌于郢中者，其始曰《下里巴人》，国中属而和者数千人。其为《阳阿薤露》，国中属而和者数百人。其为《阳春白雪》，国中属而和者不过数十人。引商刻羽，杂以流徵，国中属而和者不过数人而已。是其曲弥高，其和弥寡。”

《下里巴人》应该为当时楚人、巴人杂居地区所流行的通俗歌曲。人们演唱起来时，载歌载舞，场面十分热闹。其余歌曲因难度较大，人们能演唱的也逐渐减少。这一记载，真实地反映了楚国这一音乐之邦在音乐发展过程中，允许夷夏并存、雅俗共赏，从一个侧面展现了楚人的开阔胸怀和融夷夏为一体的开放精神。

楚国的舞蹈是同音乐相伴而来的。自商周以来，楚国就一直盛行巫舞。王逸《楚辞章句》中说："楚国南郢之邑，沅湘之间，其俗信鬼而好祠，其祠必作歌乐鼓舞，以乐诸神。"可见，巫舞当时其实就是一种宗教舞蹈，在楚国一直长盛不衰。屈原笔下的《九歌》等篇，也都生动地反映了巫舞的各个方面。

猪代牛耕

周宣王（生卒年不详），中国周朝第十一位国君。在位时间（公元前828—前782年）。姬姓，名静（一作靖），周厉王之子，死后被追谥为世宗。厉王时国人暴动，大臣召穆公虎将太子静隐藏在自己家中，被国人包围。召公以己子代替太子，使太子得以脱身。共和十四年（公元前828），厉王死于流放地彘（今山西霍州），大臣拥立静为王。宣王即位后，整顿朝政，使已衰落的周朝一时复兴。宣王的主要功业是讨伐侵扰周朝的戎、狄和淮夷。

从前，有一个名叫商於子的人，家中很贫穷。

每年春天，家家都在争抢农时，抓紧时间开犁耕田播种，盼望秋天获得个好收成。商於子的左邻右舍有的用牛耕田，有的用马耕田，最次的也用驴耕田，他也很想像邻居那样去耕地，等秋天有些收成，这样就不用再挨饿了。可是他家既没有牛，也没有马、驴这些牲口，唯一的牲口就是家里养的那头肥猪。

于是，商於子就决定牵出这头大肥猪代替牛去耕田。可是大猪死活也不肯上套，他费了好大力气才把猪套上。可刚刚套上，大猪就又挣脱了，他又千方百计想把猪套上，但每次都是刚刚套上，就被大猪挣脱了。这样反反复复，不知经过了多少次，整整一天都在家里给猪上套了，也没有耕出一垄地。

商於子气得坐在地头上休息，大猪也累得躺在旁边呼哧呼哧地喘着气。

这时候，有位宁毋先生带领学生从商於子身旁走过。宁毋先生看见商於子垂头丧气的样子，就问道：“先生，您为什么这样不高兴呢？”

商於子指着大猪回答说：“我想用猪代替牛耕田，谁知道这牲畜不听使唤，套上去就挣脱了，害得我一整天也没耕一垄田，能不让人生气吗？”

宁毋先生就责备他说：“这就是你的不对了。耕田应当用牛，因为它力气大，能拉犁起土；它的蹄子坚硬，不怕陷在烂泥里。猪再大，也不如牛的力气大呀！并且它的蹄子一到泥里就陷进去了，怎么能耕地呢？”

商於子一听，更加生气了，扭过头去，没有接着往下说。

宁毋先生说：“《诗经》里不是说过吗？‘乃造其曹，执豕于牢’，这是告诉同伴，应该把猪从圈里抓出来，杀了当菜肴，这才是猪的用处。可是你现在让猪代替牛耕田，不是把事情搞颠倒了吗？我可怜你才告诉你，你反而生气不搭理我，这是为什么呢？”

商於子说：“你认为我搞颠倒了，我还认为你搞颠倒了呢？我难道不知道耕田必须用牛，就好像治理老百姓必须用贤人一样吗？用猪代替牛，虽耕不成田，害处还不大；但是，用坏人代替贤人管理老百姓，天下就会遭殃，害处极大。你为什么不用责怪我的道理去责怪管理老百姓的人呢？”

宁毋先生回过头去，对他的学生们说：“这个人大概就是个怀有满腔激愤的人啊！”

心灵物语

虽然商於子用猪代替牛耕田有悖常理，但他也是被生活所迫才这么做的。由此引发出的一番话，真实反映出了当权者应该警惕任用坏人，以免其坑害百姓。

称龏之乱

称龏之乱是发生在公元前841年的西周首都镐京（今陕西省西安市长安区西北）的一场以平民为主的暴动。

西周自周成王、周康王之后，社会矛盾日益激化。等到了周昭王、周穆王时期，由于贵族内部的分化现象日益严重，许多失势的贵族和贫困的士族阶层的社会地位也不断下降，在城中与一般平民杂处，成为“国人”的组成部分。此外，在“国人”当中还有百工、商贾等工商业者及社会下层群众。

在周代，城邑通常都有两层城墙，从内到外分别为城和郭，城内称“国人”，城外的称“野人”或“鄙人”。

西周的土地基本制度是“井田制”，也就是把大块的田地分割成九块，排成“井”字形。中央的一块田地由大家合耕，收获归国家所有，为公田；其余的八块收获物归各家所有，为私田。井田制下受田的人，平时都要向授予者交纳贡赋，战时还要服兵役。天子是最高的土地所有者，有权向每位生活在土地上的贵族和庶民取得贡赋，有权向接收土地者收回土地。

西周行使取得贡赋权的方法有两种，一是庶民助耕公田，二是诸侯采邑主朝觐贡献。到了周夷王时，已有诸侯不朝觐了。同时，随着私田的不断开发，西周的井田制度也遭到了破坏，国人不断依靠从山林湖泽捕鱼、打猎营利，这些对西周朝廷的收入造成了巨大的威胁，由此也就引发了国人的暴动。

文苑荟萃

《诗经》

《诗经》是我国第一部诗歌总集，收录了自西周初年至春秋中叶五百多年的诗歌311篇，因此又名《诗三百》。

《诗经》分风、雅、颂三部分。其中，“风”包括“十五国风”，即15个地方的民歌，共160篇，是《诗经》中的核心内容；“雅”是正声雅乐，分“大雅”“小雅”两种，有诗105篇，其中大雅31篇、小雅74篇；“颂”是祭祀乐歌，分“周颂”“鲁颂”“商颂”，有诗40篇，是“五经”之一。

晏子喻事醒国君

晏婴（？—前500年），字仲，谥平，习惯上多称平仲，又称晏子，夷维人（今山东高密）。春秋后期一位重要的政治家、思想家、外交家。历任齐灵公、齐庄公、齐景公三朝，辅政长达50余年。周敬王二十年（公元前500年），晏婴病逝。晏婴头脑机灵，能言善辩，内辅国政，屡谏齐君。对外既富有灵活性，又坚持原则，出使不受辱，捍卫了齐国的国格和国威。司马迁非常推崇晏婴，将其比为管仲。

从前，齐国人将老虎和蟒蛇看作是不祥之物。

有一次，齐景公到野外打猎。刚刚爬上山头，他就手持弓箭寻找猎物。突然一阵狂啸，从草丛里跳出了一只吊睛白额猛虎，把齐景公吓了一大跳，一伙人赶紧跌跌撞撞地扶着齐景公逃到山沟里。

齐景公一行人在山沟里没走多远，又看到一条水桶粗的青皮蟒蛇盘在岩石上，正恶狠狠地朝他们吐着信子。

一天打猎受了两次惊吓，齐景公感到非常扫兴，什么也没有捕捉到，就惊魂未定地返回了。回到宫中，齐景公急忙把晏子叫来，问道：“今天寡人上山见虎，下沟见蟒，这怕是我们齐国的不祥之兆吧？看来下次外出时还需要选择一个黄道吉日啊！”

晏子回答说：“出门选择吉日纯粹是虚妄之言，大王不要被蒙骗了。我也听说一个国家确实会有不祥之兆，而且有三不祥，猛虎、毒蛇都不算在内的。”

齐景公忙问：“有哪三不祥呢？”

晏子回答道：“一是国家有了贤明的人才，而大王不去选拔，不想知道；二是大王知道了有德才兼备的人，也不愿任用；三是大王虽然录用了贤明的人才，却不肯信任他们。所谓不祥，尽在于此。至于今天上山见虎，那是因为山是虎的巢居；下沟见蟒，那是因为沟是蟒的洞穴，这同国家有什么关系呢？怎么能说这是齐国的不祥之兆呢？”

齐景公听了觉得非常有道理。在晏子的辅佐下，齐国的朝政有了很大的起色。

心灵物语

晏子用三不祥告诉景公一个道理：不善于发现、使用和信任人才，甚至糟蹋人才，这对国家的损害是无法估计的，这才是不祥之兆。遇见虎，遇见蟒，都是自然现象，而没有任何指向，也没有任何征兆的意思。齐景公正是由于听取了晏子的教诲，才使得国家兴旺繁荣起来。

史海钩沉

齐景公与弦章

春秋时期，齐国自从宰相晏婴死了后，一直没有人敢当面指责齐景公的过失，因此齐景公的心中感到很苦闷。

有一天，齐景公宴请文武百官。席散后，君臣一起到广场上射箭取乐。每当齐景公射出一支箭，即使没有射中箭靶的中心，文武百官也都高声喝彩:“好呀！妙呀！”“真是箭法如神，举世无双呀。”

事后，齐景公将这件事情与他的臣子弦章说了。弦章就对景公说:“这件事情也不能全怪臣子，古人有话说:‘上行而后下效。’国王喜欢吃什么，群臣也就喜欢吃什么；国王喜欢穿什么，群臣也就喜欢穿什么；国王喜欢人家奉承，群臣自然也就常奉承大王了。”

齐景公听了弦章的话，认为弦章的话很有道理，就派侍从赏给弦章许多珍贵的东西。弦章看了摇摇头，说:“那些奉承大王的人，正是为了要多得一点儿赏赐。如果我受了这些赏赐，岂不是也成了卑鄙的小人了！”最终他没有接受这些珍贵的东西。

■文苑荟萃

《易传》

《易传》之名最早出现在春秋战国时期。当时，人们把解释《周易》的文辞都称作《易传》。如今《易传》已成为《周易》不可分割的一部分。

《易传》共分七种十篇，分别为《彖传》上下篇、《象传》上下篇、《文言传》《系辞传》上下篇、《说卦传》《序卦传》和《杂卦传》。自汉代起，《易传》又被称为“十翼”。

教子不伤父子情

孟子（公元前372—前289年），名轲，字子舆，鲁国邹（今山东省邹城市）人。孟子与孔子合称为“孔孟”。孔子是至圣，孟子是亚圣。他是中国古代著名思想家、教育家、政治家和散文家，战国时期儒家代表人物，孔子第四代弟子。

孟子是我国战国时期一位杰出的思想家和教育家。

孟子主张不要亲自去教育自己的儿子。

孟子有“教亦多术矣”的观点，并具体解释了这种观点下的五种教育方式：“有如时雨化之者，有成德者，有达财者，有答问者，有私淑艾者。”意思是说，像及时雨那样滋润、成全品德，培养才能，解答疑问，让学生自己去向以往的榜样学习，都是应有的教育方式。他甚至认为，自己不去教育别人，也是一种教诲。比如，放弃对自己儿子的教育。

对自己儿子的教育，孟子的主张是异乎寻常、出人意料的。简单地说，就是不要亲自去教育自己的儿子。

学生们听到老师说这样的话，只是愣愣地张大了嘴巴，瞪着一双双失神的眼睛，不敢有任何反对。只有公孙丑敢于说话，他问孟子：“君子之不教子，何也？”这个问题，公孙丑不但提得好，而且恰到好处。既然是君子，为什么不去管教自己的儿子？

对于公孙丑提出的问题，孟子是这样回答的：“教育儿子，要用正道正理，如果没有效果，父亲就会愤怒。而父亲一愤怒，就会伤了父子之间的感情。其实，不但父亲要恼怒，连儿子也会有想法的。儿子会反问父亲：‘您拿正理正道来教我，您的所作所为却不是出于正道正理。’这样，父子感情一伤，父子之间就会产生隔阂。隔阂存在于父子之间，那是最不好解决的。”

孟子认为：“天下之本在国，国之本在家，家之本在身。”这种看法，与今天的“没国哪有家，没家哪有我”的歌词如出一辙。

家庭成员之间，应当保持一种亲爱和谐的气氛，人人亲其亲，长其长，这样才会“天下平”。国家安宁，社会稳定，家庭和睦，这三者是环环相扣，哪个环节都是不可少的。只有缺一不可，天下才能太平。

孟子认为，父子关系在家庭中最为重要。“亲”是基本原则，考虑到“亲”的关系不能被破坏，如果要维持父子之间的亲情，父亲就不要亲自去教育自己的儿子。如果父子之间的感情破裂，社会的稳定就会被破坏。

孟子的“教子不伤父子情”的观点，从大的方面看，似乎是可以成立的。但是，就现实社会来讲，似乎不尽可取。子女的教育是社会性的，家庭，尤其是作为一家之主的父亲，教育自己的子女，具有不可推卸、义不容辞的责任。家长在教育子女问题上事必躬亲，也是应该坚持的方式。问题的关键，似乎是应该很好地掌握教育的方法及其“度”。坚持对子女进行正面教育，又不伤害彼此之间的感情，应该是一条基本界线。倘若能由此而增进彼此的感情，那自然是再理想不过的。

心灵物语

孟子的观点现在来看是不正确的。家长应当以身作则，坚持“己所不欲，勿施于人”，做到身教在先，言传在后，坚持“身教胜于言教”，以自身的行为影响和感染子女，为子女树立学习的榜样。这样，为子女灌输“正理正道”的时候，就不至于因自身行为缺乏规范而令子女不服。当然，也就不用担心“教子怕伤父子情”问题的发生了。

史海钩沉

我善养吾浩然之气

公孙丑说：“请问老师您擅长哪一方面呢？”

孟子说：“我善于分析别人的言语，我善于培养自己的浩然之气。”

公孙丑说：“请问什么叫浩然之气呢？”

孟子说：“这很难用一两句话说清楚。这种气，极端浩大，极端有力量，用坦荡之胸怀去培养它而不加以伤害，就会充满天地之间。不过，这种气必须与仁义、道德相配，否则就会缺乏力量。而且，必须要有经常性的仁义、道德蓄养才能生成，而不是靠偶尔的正义行为就能获取的。一旦你的行为问心有愧，这种气就会缺乏力量了。所以我说，告子不懂得义，因为他把义看成心外的东西。我们一定要不断地培养义，心中不要忘记，但也不要一厢情愿地去帮助它生长。不要像宋人一样：宋国有个人嫌他种的禾苗老是长不高，于是到地里去用手把它们一株一株地拔高，累得气喘吁吁地回家，对他家里人说：‘今天可真把我累坏啦！不过，我总算让禾苗一下子就长高了！’他的儿子跑到地里一看，禾苗已全部死了。天下人不犯这种拔苗助长的错误是很少的。他们认为养护庄稼没有用处而不去管它们的，是只种庄稼不除草的懒汉；一厢情愿地去帮助庄稼生长的，就是这种拔苗助长的人——不仅没有益处，反而害死了庄稼。”

《谷梁传》

谷梁传是《谷梁春秋》的简称，是一部对《春秋》的注解。

《谷梁传》所记载的时间起于鲁隐公元年（公元前722年），终于鲁哀公十四年（公元前481年），体裁与《公羊传》相似。作者相传为子夏的弟子，战国时鲁人谷梁赤（赤或作喜、嘉、俶、寘）。起初只是口头传授，至西汉时才成书。

《谷梁传》与《左氏传》《公羊传》一样，都是为注释《春秋》而作的。在汉代以前，解释《春秋》的有五家，除《左传》《公羊》《谷梁》外，还有《邹氏传》和《夹氏传》。到汉朝初年，《邹氏传》和《夹氏传》两家便逐渐失传了。而《公羊》与《谷梁》则用汉时流行的隶书记录成书，称为今文，立于学官，也就是在国家设立的学府设立课程，专门备有博士加以传授。

《谷梁传》与《公羊传》体例相同，都是采取自问自答的方式解说《春秋》，是阐明儒家思想的一部经书。《公羊传》着重阐释《春秋》的微言大义，强调尊王攘夷、大一统的思想，与现实中的政治配合较密切；《谷梁传》则主要以文义阐发《春秋》经文，行文比较谨慎，认为应信以传信，疑以传疑，主张贵义而不贵惠，信道而不信邪，成人之美而不成人之恶。因此，宋代的《春秋》学家胡安国说："其事莫备于《左氏》，例莫明于《公羊》，义莫精于《谷梁》。"

《谷梁传》与《左传》《公羊传》一样，最早与《春秋》都是"别本单行"的。到晋朝范宁作集解，就将经传合为一书。后来，唐朝的杨士勋又进一步为之作疏，称《春秋谷梁传注疏》，共二十卷。清代也有几家为《谷梁传》作注的，比较通行的版本是清代中期阮元的《十三经注疏》。

顾恺之焚子券书

顾恺之（348—406年），东晋画家。字长康，小字虎头，晋陵无锡（今江苏无锡）人。曾为桓温及殷仲堪参军，义熙初任通直散骑常侍。刘裕北伐南燕，恺之为作《祭牙（旗）文》。多才艺，工诗赋、书法，尤精绘画，尝有才绝、画绝、痴绝之称。多作人物肖像及神仙、佛像、禽兽、山水等。

东晋时期，南方的经济逐渐发展起来，官僚及其子弟经商与放高利贷的现象日趋增多。对这种现象，许多清廉正直的官员颇不以为意，不但不经营，而且还严格约束子女和家人，禁止他们从事这项活动，顾恺之就是其中颇为突出的一个。

"尚俭素，衣裘器服，皆择其陋者"，这是对顾恺之生活的真实写照。他崇尚的是勤俭朴素，他穿的衣服以及使用的器物，都是价格低廉的。

顾恺之不但在生活上严格要求自己，而且重视对子女和家人的管束，家中上下关系融洽，为乡里所称道。

顾恺之有五个儿子，其中三子顾绰不听教诲，经营高利贷，家产丰饶，乡里士族、平民欠顾绰债务的颇多。顾恺之屡次加以禁止，但顾绰执意不改。

顾恺之出任吴郡太守后，对儿子顾绰说："吾常不许汝出责，定思贫薄亦不可居。民间与汝交关有几许不尽，及吾在郡，为汝督之。将来岂可得。凡诸券书皆何在？"

这句话的意思是：我经常劝诫你不要放债，也明白贫困是不能过活的。别人欠你的债不还，我在这里做官，可以为你催债。我要是不在这里为官，将来别人欠你的债，也就不好讨要了。你的所有的债券都在哪里呢？

顾绰听后十分高兴，以为父亲终于也耐不住清贫，就把一大橱各种文券都交给顾恺之。

顾恺之将文券全部烧毁，并让人宣告远近，说："负三郎责，皆不须还，凡券书悉烧之矣。"

顾绰知道后，连死的心都有了，一连几天都水米不进，但也无计可施。

东晋时期，高利盘剥是使平民百姓破产的主要原因之一，而凭借官府势力来催讨债务是当时的主要收债手段。

高利贷与官府势力的结合，逼得百姓四处求生。这样过度压榨百姓是一种竭泽而渔的方式，既破坏了百姓的生存基础，也不符合政权的长远利益。后来，也有不少士大夫提出过质疑，但像顾恺之这样不顾自家利益，付诸行动的却极少。

心灵物语

顾恺之焚烧券书固然是为维护士族不经商的清高形象，但此举对于管束子女和家人起到了很好的作用，对后世也有很现实的借鉴意义，也说明规劝对于世人的重要意义所在。

史海钩沉

顾恺之的轶事

相传，有一年春天，顾恺之要出远门，于是就将自己很喜欢的几幅画作集中在一起，放在一个柜子里，又用纸封好，题上字，交给一位名叫桓玄的人代为保管。

然而桓玄接到柜子后，竟然偷偷地把柜子打开，一看里边全是精美的画作，就把画全部取出，又把空柜子封好放在一边。两个月后，顾恺之回来了，桓玄便将柜子还给顾恺之，并说，柜子还给你，我可是丝毫未动。

把柜子带回家后，顾恺之打开柜子一看，里面竟然一张画也没有了。顾恺之惊叹道:“妙画有灵，变化而去，犹如人之羽化登仙，太妙了！太妙了！”

文苑荟萃

女史箴

茫茫造化，两仪既分；散气流形，既陶既甄；在帝庖牺，肇经天人；爰始夫妇，以及君臣；家道以正，王猷有伦。妇德尚柔，含章贞吉；婉女淑慎，正位居室；施衿结离，虔恭中馈；肃慎尔仪，式瞻清懿。樊姬感庄，不食鲜禽；卫女矫恒，耳忘和音；志励义高，而二主易心。玄熊攀槛，冯媛趋进；夫岂无畏，知死不吝。班婕有辞，割欢同辇；夫岂不怀，防微虑远。道罔隆而不杀，物无盛而不衰；日中则昃，月满则微；崇犹尘积，替若骇机。人咸知修其容，莫知饰其性；性之不饰，或愆礼正；斧之藻之，克念作圣。出其言善，千里应之，苟违斯义，同衾以疑。夫方如微，荣辱由兹，勿谓玄漠，灵鉴无象；勿谓幽昧，神听无响；无矜尔荣，天道恶盈；无恃尔贵，隆隆者坠；鉴于小星，戒彼攸遂，比心螽斯，则繁尔类。欢不可以渎，宠不可以专；专实生慢，爱极则迁，致盈必损，理有固然。美者自美，翩以取尤，冶容求好，君子所仇，结恩而绝，实此之由。故曰翼翼矜矜，福所以兴；靖恭自思，荣显所期。女史司箴，敢告庶姬。

王旦育人以身作则

王旦（957—1017年），北宋名相，字子明，大名莘县（今属山东）人，太平兴国五年（980年）进士。淳化二年（991年），任右正言、知制诰，并被封为礼部郎中、兵部郎中。至道三年（997年），真宗即位，4年之中连续晋升，初为中书舍人，后为参知政事。景德二年（1005年），加封为尚书左丞。次年，升为工部尚书、同中书门下平章事，成为宰相。景德三年（1006年），除工部尚书、同中书门下平章事、集贤殿大学士。天禧元年（1017年）九月，王旦病逝，册封太师、尚书令、魏国公，谥“文正”。仁宗即位后，为其立碑，并亲笔御书“全德元老之碑”。其后，欧阳修奉旨为其撰写碑文，苏轼为王氏宗祠撰写了《三槐堂铭》。有文集二十卷，已佚。《宋史》卷二八二有传。

王旦是宋太宗太平兴国年间进士，在真宗时颇受重用，任宰相15年。他之所以被称为“全德元老”，是因为他不仅擅长知人施政，而且治家有方。

王旦治家，既注意俭约、和睦，又重视治家方法，身教重于言教。他身为宰相，官至极品，却俭约朴素。平时穿着布衣，稍微奢华，他坚决不肯。他以身作则，家人自然不敢放纵奢侈，衣着食用也都很俭朴。一次，真宗见王旦的居室简陋，准备派人给他修缮，他坚决不同意，推辞说这是祖宗旧宅，不愿毁掉，真宗才作罢。

王旦经常教育子孙说："子孙当各念自立，何必田宅，徒使争财为不义耳。"

王旦为人宽厚，治家提倡和睦；不论对臣僚、子弟、亲戚、仆人都温文有礼，发生矛盾也以宽容的方法化解。"家人未尝见其怒"。家人准备的饭菜不洁净，他只是不食，但从不责备。

一次，家人想试试他是否计较，便在羹汤中放了一点儿锅灰，饭菜上桌，王旦只是吃饭，却不喝汤。家人问他为什么不喝汤，他只是淡淡地说："我偶不喜肉。"却没有斥责家人不注意卫生。

一天，家人又在饭中放了些锅灰，王旦看着饭说："吾今日不喜饭，可具粥。"仍没有责备，他的家人深为其宽厚所感动。

还有一次，他的子弟告状说："庖肉为饔人所私，食肉不饱，乞治之。"

王旦并没有听从他们的请求去制裁饔人，而是问："汝辈入料肉几何？"

子弟回答说："一斤，今但得半斤食，其半为饔人所庾。"

王旦又问："尽一斤，可得饱乎？"子弟高兴地说："尽一斤，固当饱。"

王旦治家之宽厚，由此可见一斑。

古代各家在冬至时都要祭祀祖宗，王旦身为朝廷重臣更要遵守这种礼法。

有一年，在冬至祭祀之前，王旦的家人把所需物品都装在坛坛罐罐里放在堂前，就等王旦归家主祭。他有个弟弟非常蛮横，到家后把所有的坛罐全打破了，家人都惊慌失措，以为王旦再宽厚，回家也要发火。

王旦回来以后，见酒菜洒了一地，无法行走，仍没有发怒，只是提着衣襟走入厅堂，一句责备的话都没说。

他的弟弟深为这种宽怀大度所感动，从此弃恶为善，而王旦也从来不提这件事。

王旦身为宰相，日理万机，公务繁忙，只好把家事都交给弟弟王旭处理，但他仍不忘教诲子弟。他一方面以身作则，做子弟的楷模，另一方面对子弟的不良行为循循诱导，使其改悔。

一次，他的弟弟拿回来一条玉带给王旦看，以便征得他的同意后买下。王旦知道他的用意，一开始并没有教训弟弟不注意节俭，而是要王旭系在腰上，问他："还见佳否？"王旭说："系之安得自见？"王旦幽默地说："自负重而使观者称好，无乃劳乎！"王旭非常惭愧，立即把玉带退了回去。

临死之前，王旦仍然不忘教育子弟，写遗嘱说："我家盛名清德，当务俭素，保守门风，不得事于奢侈，勿得厚葬以金宝置棺中。"

王旦唯恐子弟们不能照他的话去做，又把好友杨素找来，请求杨素一定不要把金银珠宝之类的东西放在他的棺材里。他还要杨素代写奏表说："忝为宰辅，不可以将尽之言，为宗亲求官。"真宗看过奏表，御驾亲至家中看望，并赐给白金5000两。王旦上表坚决辞谢，并在谢表后面亲笔写了四句话："益惧多藏，况无所用，见欲散放，以息咎殃。"王旦清醒地意识到，财多为害，鼓励子弟自立之意。真宗看到奏稿末尾四句，也深有所感，流下了眼泪。王旦死后，按大宋朝廷的规矩，加谥号为"文正"，所以人们称他为王文正公，宋仁宗题写"全德元老"之号，因此又称作"全德王文正公"。

心灵物语

王旦治家坚持勤俭与和睦，讲究身教，善于诱导，遂成一代楷模，其"教子自立"的思想，在今天也仍有现实意义。

史海钩沉

王钦若嫁祸于人

宋真宗咸平年间，王钦若为科举的主考官。当时，考生任懿为了能够被录取，便间接通过一个与王钦若要好的僧人惠秦搭桥引线，送了350两的银票到王家贿赂。其时王钦若正在试院监考，任懿这名字是他的妻子李氏暗中写在他家奴仆祁睿的手臂上。祁睿以进试院给王钦若送汤饮为名告诉他，任懿贿赂的银两数也由祁睿告诉了王钦若。

这场交易虽然做成了，但事后被人揭发，御史中丞赵昌言逮捕了祁睿、任懿等人，并上疏请皇上逮捕王钦若归案惩处。御史拷问任懿作弊情节，任懿说：妻兄张驾认识考官洪湛，曾与张驾一起到洪家说过考试走后门的事；但后来真的贿赂行事，是间接通过僧人惠秦等人暗中进行的，被贿赂者是谁他不清楚。然而太常寺另外审问王钦若时，王钦若却将祁睿、惠秦的口供全盘否定。说到与惠秦的关系，王钦若承认彼此有友情，但惠秦从未登过他家的门。鉴于王钦若当时是宋真宗身边的红人，法司也不敢深究，最后就把这考场贿赂舞弊的责任推到考官洪湛身上，将洪湛削籍后流放儋州。当时人们虽知这是冤案，但因王钦若当时是副宰相，权势大，谁也不敢出来抱不平。

文苑荟萃

《宋史》

《宋史》为二十五史之一，于元末至正三年（1343年）由丞相脱脱和阿鲁图先后主持修撰，而且《宋史》与《辽史》《金史》是同时修撰的。

《宋史》全书包括本纪47卷，志162卷，表32卷，列传255卷，共计496卷，约500万字，是二十五史中篇幅最为庞大的一部官修史书。

元朝初年，元世祖忽必烈就曾诏修宋史，但因体例、年号不一而未能成功。元惠宗至正三年（1343年）三月，又下令修辽、金、宋三史。铁木儿塔识、贺惟一、张起巖、欧阳玄等七人任总裁官，还有史官斡玉伦徒、泰不华、于文传、贡师道、余阙、贾鲁、危素等23人。脱脱于至正四年五月（1344年）辞职，中书右丞相阿鲁图继任。阿鲁图虽名为都总裁，但不语汉字。至正五年（1345年）十月成书，只用了两年半的时间。至正六年（1346年）在江浙行省予以刊刻。

《宋史》史料丰富，叙事详尽，记载了皇帝言行的起居注，宰相、执政议事及与皇帝问对的时政记，以及根据起居注、时政记等按月日编的日历详细记载的典章制度会要，还有编年体的“实录”和纪传体的“国史”。元末修撰的这部宋史，是元人利用旧有宋朝国史编撰而成的，基本上保存了宋朝国史的原貌。

晏殊家书劝后人

晏殊（991—1055年），北宋词人。字同叔，抚州临川（今属江西）人。景德中赐同进士出身。庆历中官至集贤殿大学士、同中书门下平章事兼枢密使。谥号“元献”。其词擅长小令，多表现诗酒生活和悠闲情致，语言婉丽，颇受南唐冯延巳的影响。《浣溪沙》中“无可奈何花落去，似曾相识燕归来”二句，传诵颇广。原有集，已散佚，仅存《珠玉词》及清人所辑《元献遗文》。又编有类书《类要》，今存残本。

据史书记载，晏殊在7岁的时候，就已经在文章上显现出一定的才华。

真宗景德初年，张知白以“神童”的名义，把晏殊推荐给朝廷。宋真宗让晏殊同千余名进士上殿应试，他信心满怀，援笔立成，真宗对他的文才给予了肯定，特别赐予他同进士出身。

后来，晏殊在真宗、仁宗两朝为官，担任宰相兼枢密使。晏殊不仅因有才闻名，政绩也不少。除此之外，他在生活上始终保持清正节俭、治家有方的做派。这一点，从晏殊给哥哥的两封书信中可见一斑。晏殊听说兄长买了一所宅子，他就这件事，在给兄长的信中说：“大抵廉白守分为官，须随宜作一生计。且安泊亲属，不必待丰足。”“一则劝其淡素好善，次则减鱼肉之价，聚为生计。”“况宦游有何穷期，兼官下不可营私。然须内外各具俭啬为先，方可议此。”

晏殊认为，买一所宅子安置亲属并非不可，但是必须在内外俭约的情况下才可置买，而不能任官枉法，因为“官下不可营私”。晏殊的观点鲜明，公私一定要分明，不可借职权之便，行营私之实。

在谈到他自己当官的事情，他对兄嫂说，任官需要干求经营，但“殊一生不曾干求”，他愿以古今贤哲为榜样，认为“古今贤哲，有识见知耻者，量力度德，常忧不能任者，不妄当负，以重愧责，是以终无侥求。其更识高者，非亲耕不食，非亲蚕不衣，孺子之类是也。盖功利不能及人，而坐受窃其膏血，纵无祸，亦须愧赧也。殊从来多介僻者，理在此。”

从这封信来看，晏殊从头到尾都在规劝兄嫂生活节俭，持身要正，任官不能营私，虽然难以做到“非亲耕不食，非亲蚕不衣”，但也不能取不义之财。这里可以大体看出晏殊为人处世的观点。

另一封是给三哥晏廷评及三嫂的，主要讲如何教育孩子。

晏殊在外边做官，非常惦念几个侄子的成长。他在给三哥三嫂的信中这样说：“假如资性不高，亦令读书、学诗、学礼、宜亲老宿有德之人，所冀向后自了得一身，免辱门户也。”

他的话的意思是很明白的，哪怕就是自己的子侄缺乏或没有很高的天分，也还是应该让他们读书以及知书达理，应当多接近有德行的人，希望长大后能够凭自身的能力立身，免得因个人的原因而坏了家门的名声。

在这封信里，晏殊还希望侄子们学些做人的道理：“若能稍学些好事，免为人所嗤笑，成立得身，父母一生放心，有望矣门前。”

晏殊深知“近朱者赤，近墨者黑”的道理，劝诫兄嫂说：“不要令小后生轻薄，不着实者来往，或寻得一有年，年甲谨重门客教训诸子甚好。”

在这封信中，晏殊还以亲身体会说明这样做的道理，他说：“近日京师官中行公事甚多，细视多是人家子弟。轻事玩狎，非类致之者，是知小儿女尤宜亲近有德，远轻薄之徒也。”

从这些话中可以看出，晏殊非常重视教育子女，尤其重视培养孩子的良好品德和教养，以便长大后能够立身成人，一来“免为人所嗤笑”，二来“父母一生放心”。

心灵物语

晏殊少年得志，身居高官，但仍念念不忘告诫家人要清正节俭，教育子侄要“亲近有德，远轻薄之徒”，重视品德教养，与那些“一人得道，鸡犬升天”、放纵子弟胡作非为的达官显贵形成鲜明的对比，这种严格约束晚辈的精神，在今天看来也相当可贵。

史海钩沉

神童晏殊

晏殊少年时期，宰相张知白曾以“神童”名义将他推荐给朝廷，召至殿下。当时正赶上宋真宗亲自监督考试，就命晏殊做试卷。晏殊见到试题，就说：“臣十天前已做过这样的题目，有草稿在，请另选试题。”真宗见状，非常欣赏晏殊的质朴不隐。

当时天下相安无事，朝臣士大夫们也经常饮宴欢会，以至于市楼酒馆都大设帷帐，提供宴饮游乐的方便。晏殊当时很穷，入朝后也没钱出门游玩宴饮，就在家与兄弟们讲习诗书。一天，他到皇宫中给太子选讲官，忽然皇帝御点晏殊上任。执政大臣不知为什么皇上选中晏殊，转天上朝复命，皇上说："最近听说馆阁大臣们都嬉游宴饮，一天到晚沉醉其中。只有晏殊与兄弟闭门读书，这么谨慎忠厚的人，正可教习太子读书。"

晏殊上任后，就有了面圣的机会。皇帝当面告诉任命他的原因，晏殊语言质朴不拘，说："为臣我并非不喜欢宴游玩乐，只是家里贫穷没有钱出去玩。臣如果有钱，也会去宴饮，只是因为没钱出不了门。"皇上因此更加欣赏晏殊的诚实，以及懂得侍奉君王的大体，对他更加宠爱。仁宗即位后，晏殊更是得以重用(官至宰相)。

文苑荟萃

浣溪沙

(宋)晏　殊

一曲新词酒一杯，去年天气旧亭台。
夕阳西下几时回？无可奈何花落去，
似曾相识燕归来。小园香径独徘徊。

